GREGORIO-GRZEGORZ LYDEK

L'umanità non troverà la pace se non si rivolgerà alla misericordia

GREGORIO-GRZEGORZ LYDEK

L'umanità non troverà la pace se non si rivolgerà alla misericordia

Il mondo sembra più che mai aver bisogno di tale messaggio come germoglio di speranza e pegno di salvezza

Edizioni Sant'Antonio

Imprint

Cover image: www.ingimage.com

Publisher:
Edizioni Accademiche Italiane
is a trademark of
International Book Market Service Ltd., member of OmniScriptum Publishing Group
17 Meldrum Street, Beau Bassin 71504, Mauritius
Printed at: see last page
ISBN: 978-613-8-39360-3

Sac. dott. Gregorio-Grzegorz Lydek

"L'UMANITÀ NON TROVERÀ LA PACE SE NON SI RIVOLGERÀ ALLA MISERICORDIA DI DIO"

- **IL MONDO SEMBRA PIÙ CHE MAI AVER BISOGNO DI TALE MESSAGGIO COME GERMOGLIO DI SPERANZA E PEGNO DI SALVEZZA**

«Per i miei fratelli e i miei amici io dirò: *Su te sia pace!*» (*Sal* 122,8)

Ai miei veri amici. Alle persone che mi amano e mi hanno amato davvero;

-con tanto affetto e gratitudine

SIGLE E ABBREVIAZIONI

MAGISTERO

AAS	*Acta Apostolicae Sedis*
CCC	*Catechismo della Chiesa Cattolica*
DM	*Dives in misericordia*
GS	*Gaudium et Spes*
LG	*Lumen gentium*
SC	*Sacrosanctum Concilium*

FONTI

Dz	*Diario di santa Faustina Maria Kowalska della Congregazione Religiosa delle Suore della Beata Vergine Maria della Misericordia*

GENERALI

AA.VV.	*autori vari*
cap.	*capitolo*
cf.	*confronta*
q.	*quaderno*
n.	*numero*
vol.	*volume*
voll.	*volumi*

PREFAZIONE

A te caro amico che hai fatto
della Divina Misericordia il punto
di forza del tuo ministero sacerdotale!

Ho conosciuto don Gregorio Lydek nel gennaio 2010, quando divenne amministratore parrocchiale e successivamente, parroco della Parrocchia di san Leonardo Abate, della Diocesi di Lanciano-Ortona. Sin dai primissimi momenti della sua attività pastorale, sono rimasta colpita dall'attenzione che il Sacerdote prestava ad ogni singola persona, nel volerla conoscere anche in tutte le sue fragilità e in tutte le sue ferite. Ancor di più, la mia attenzione si è fermata sulla particolare premura che dimostrava verso i malati e i moribondi. Don Gregorio dedicava ad ogni singolo parrocchiano molto tempo attraverso l'ascolto, il colloquio, la direzione spirituale e riservava una cura speciale al sacramento della riconciliazione. Ben presto anch'io mi sono affidata a lui per la direzione spirituale. Dopo qualche mese, don Gregorio ha conosciuto una persona della comunità particolarmente sensibile e attenta all'arte sacra e alla pittura. A quel punto, il giovane sacerdote, dopo aver intrattenuto con questa persona vari colloqui spirituali, non ha esitato ad affidarle il compito di riprodurre, attraverso la pittura, l'immagine di Gesù Misericordioso. Dopo qualche tempo, l'immagine era pronta ed è stata collocata in una parete della chiesa parrocchiale, ben visibile al popolo di Dio. Nella Parrocchia di san Leonardo iniziava così la devozione alla Divina Misericordia.

Il giorno 11 aprile 2010, domenica in *Albis* e Festa della Divina Misericordia, don Gregorio mi ha fatto un grande dono: mi ha regalato il *Diario* di santa Faustina Kowalska. Ho cominciato subito a leggere questo libro e man mano che andavo avanti nella lettura, intuivo che avevo tra le mani una perla preziosa per la mia vita spirituale. Inoltre dentro di me, si facevano strada alcune domande. In particolare, mi chiedevo come mai Gesù avesse fatto rivelazioni così importanti proprio ad una suorina polacca. Spesso collegavo santa Faustina ad un papa che ho molto amato e che ho avuto la fortuna di incontrare nella sua cappella privata, papa Giovanni Paolo II, oggi santo.

Grazie a questa mia profonda ammirazione verso il papa polacco, andavo comprendendo che il messaggio del *Diario* trovava in lui un'eco profonda e unica. La *Misericordia di Dio* acquistava un volto, una espressione speciale nella terra della Polonia, terra che in passato fu martoriata dai regimi dittatoriali. Gesù aveva scelto quel luogo geografico dove la stoltezza e la cattiveria umana avevano procurato tanta sofferenza, tante ferite e il martirio di molti innocenti. Nonostante le innumerevoli tragedie subite però, i Polacchi non hanno mai perso la fede. Prende forma tangibile il versetto evangelico che afferma: «Non abbiate timore di quelli che uccidono il corpo, ma, non hanno il potere di uccidere l'anima» (*Mt* 10,28). É proprio a questo popolo che viene rivelata, in modo del tutto speciale e unico, la *Misericordia di Dio*. Una grande rivelazione supportata da una immensa fede. Dio Padre, di fronte all'odio che in questa terra ha assunto forme terribili, avrebbe potuto rispondere con l'ira! Tuttavia, la Sua risposta fu quella di iniziare proprio lì, in Polonia, la "Strada della Misericordia". Un inizio basato su un dialogo intimo tra Gesù e suor Faustina. Un dialogo che successivamente, però, avrebbe raggiunto tutta l'umanità.

Anche don Gregorio, figlio amato della Polonia, ha ereditato dalla sua terra una fede robusta ed essenziale. Egli porta stampata nel cuore e nella mente la *Misericordia di Dio* quale risposta divina alle miserie umane; miserie che non hanno confini. É questa la sua missione: far conoscere al popolo di Dio a lui affidato la Divina Misericordia.

Il *Diario* di santa Faustina Kowalska richiede una lettura attenta, meditata e interiorizzata, affinché l'anima che vi si accosta, possa cogliere e amare le rivelazioni che Gesù misericordioso fece alla suora Polacca, rivelazioni che potremmo così sintetizzare: SENZA LA MISERICORDIA DI DIO IL MONDO NON TROVERÀ LA PACE.

prof.ssa Nilde Marucci

INTRODUZIONE

Con immensa gioia desidero offrirvi la presente riflessione sul messaggio di santa Faustina Kowalska, tratto dal suo *Diario*, mai come oggi attuale. Contemplare la misericordia di Dio, cioè la perfezione divina più grande, vuole dire vederla impressa nel volto di Cristo, l'ultima e definitiva incarnazione della misericordia. Gesù, lo Sposo sempre vivo in mezzo a noi, è presente veramente e realmente nella sua Sposa, cioè in ogni sacramento, in modo particolare nel matrimonio e nell'ordine, i due sacramenti della stessa missione della Chiesa. Santa Faustina, mistica polacca, in questo tempo di prove dure che sta affrontando il mondo a livello internazionale, ci può illuminare e "guidare" nel "ritrovamento" della strada giusta. Quella che conduce alla vera pace, alla soluzione efficace di tutti, anche i più complessi problemi odierni: la strada che porta alla salvezza dell'umanità ferita e sofferente. Essa attraversa la gloriosa passione, morte sulla croce e la risurrezione del nostro Signore Gesù, è stata preparata sin dall'inizio della storia della salvezza, la strada "costruita" da Dio che è sempre "Amore e Misericordia".

Se Dio misericordioso dovesse essere assente nella vita dell'uomo, sarà assente anche nella sua vita interiore (spirituale), familiare, nella attività politica, culturale e sociale. Se l'uomo non dovesse incontrare Dio come "Amore e Misericordia" nella profondità della sua anima, andrebbe a cercarlo solo nei segni esteriori per porre rimedio alla sua solitudine spirituale. Quell'uomo si confonderebbe nei gruppi, riuniti intorno a fenomeni eccezionali o seguendo scalmanati profeti improvvisati e di passaggio. Se l'uomo non sarà "pieno di Dio misericordioso eterno", se non si dedicherà alla silenziosa contemplazione, soffrirà sempre di solitudine, che nessuno psicoterapeuta o compagnia di persone saprà curare, perché Cristo, il Verbo incarnato è il Signore del cosmo e della storia.

La "Misericordia" è la "forma concreta dell'amore" di Dio. Essa viene illustrata, in maniera eccellente, dalla parabola evangelica del padre e dei due figli (cf. *Lc* 15,1-32).

In latino "misericordia" significa mostrare un cuore pieno d'amore per chi si trova nella miseria. Il padre della parabola manifestò al figlio prodigo il cuore che ama senza limiti, gli salvò la vita e gli ridonò lo splendore della sua dignità infangata.

La misericordia è un amore *ad extra* che rivela il mistero di Dio. Essa non è un qualcosa di semplicemente oscuro o inspiegabile, ma è il piano di Dio amoroso per la salvezza dell'umanità intera. Esso però già è stato svelato per mezzo di Cristo (cf. *Rm* 16,25; *Ef* 1,9; 3,9; *Col* 1,26-27; 2,2; 4,3). La realtà misteriosa di Dio, rivelata definitivamente in Cristo, trascende la ragione e la comprensione umana. La mente umana, infatti, non può afferrare Dio; è la maestà divina che afferra noi. Per questo motivo santa Faustina scrive nel suo *Diario*:

> «O Gesù, divino prigioniero d'amore, quando rifletto sul Tuo amore e sul Tuo annientamento per me, i sensi mi vengono meno. Nascondi la Tua incomprensibile maestà e Ti abbassi fino a me miserabile. O Re della gloria, sebbene Tu nasconda la Tua bellezza, tuttavia lo sguardo della mia anima squarcia il velo» (*Dz* n. 24).

Il mistero di Cristo consiste in tutta "l'opera della Redenzione" dell'umanità intera, che la Chiesa celebra, vive e testimonia nella sua liturgia. La Chiesa annunzia e celebra il mistero di Cristo nella liturgia, affinché i fedeli ne vivano e ne rendano testimonianza al mondo. Santa Faustina meditando sul mistero di Cristo scrive:

> «O Gesù nascosto! O amore eterno! O nostra vita! O Divino folle, che hai dimenticato Te stesso e vedi soltanto noi! Ancor prima di creare il cielo e la terra portavi noi nel Tuo Cuore! O amore! O abisso della Tua umiliazione! O mistero di felicità! Come mai è così piccolo il numero di coloro che Ti conoscono? Perché non provi reciprocità? O amore Divino, perché nascondi la Tua bellezza? O incomprensibile ed infinito! Più Ti conosco e meno Ti comprendo. Ma proprio perché non riesco a comprenderti, mi rendo maggiormente conto della Tua grandezza. Non invidio il fuoco ai Serafini, poiché nel mio cuore viene deposto un dono ancora più grande. Essi Ti ammirano in estasi, ma il Tuo Sangue si unisce col mio! O amore, a noi è concesso il paradiso già quaggiù sulla terra. Oh! Perché Ti nascondi dietro la fede? L'amore strappa il velo. Non c'è velo davanti agli occhi della mia anima, poiché Tu stesso mi hai attratta per l'eternità nel seno di un amore misterioso. O indivisibile Trinità, Unico Dio, a Te sia onore e gloria per tutti i secoli» (*Dz* n. 80).

Lo Spirito Santo - "l'amore eterno" fa memoria particolare nella liturgia della Chiesa di quel "mistero di felicità".

Lo Spirito - "l'amore misterioso" e la Chiesa - "nostra vita" cooperano per manifestare nella liturgia il Cristo che "ha dimenticato se stesso" per vedere "noi", l'umanità smarrita e ferita a causa del peccato. Specialmente nell'Eucaristia, e in modo analogo negli altri sacramenti, essa è memoriale del mistero della salvezza. Lo Spirito Santo è "l'anima e la memoria" viva della Chiesa (cf. *Gv* 14,26).

L'umile figlia di contadini polacchi, sotto la guida dello Spirito Santo, offre la sua ricca scienza su Dio che non si scoraggia mai di fronte alle piccole debolezze e ai grandi crimini dell'uomo. Suor Faustina invita gli uomini a studiare la verità sull'infinita misericordia di Dio ed a camminare con fiducia verso di Lui. Semplice suora, vissuta nel nascondimento e morta alla vigilia della seconda guerra mondiale, suor Faustina è in realtà una donna che ha ricevuto il dono di una grande e straordinaria esperienza mistica. Così ha potuto testimoniare l'amore di Dio per noi, in qualità di "testimone oculare" del Cristo misericordioso. Kowalska grazie alla semplicità che amava, la fedeltà che alimentava con instancabile ed ardente preghiera, la ricerca continua della volontà di Dio, ha ricevuto dal Signore un insegnamento quanto mai efficace ed attuale, trasmesso con interezza. Per questo possiamo leggere:

> «Il Signore mi ha fatto conoscere in che cosa consiste il vero amore, e mi ha dato la luce per dimostrarlo in pratica a Lui. Il vero amore però, consiste nel fare la volontà di Dio. Per dimostrare amore verso Dio, occorre che tutte le nostre azioni, anche le più piccole, derivino dall'amore verso Dio» (*Dz* n. 80).

Per questo la suora ha tracciato un cammino spirituale di fede per i credenti che desiderano diventare gli apostoli della Divina Misericordia e tramandare il dono ineffabile alle future generazioni, nonostante le difficoltà nel capire il vero senso della misericordia.

Tanto è vero che, il confessore e il direttore spirituale di suor Faustina, beato don Michele Sopoćko, in un testo, che mi sembra particolarmente significativo, ha descritto la sua difficoltà di comprendere in pienezza la verità sulla misericordia.

> «Ci voleva una semplice religiosa, suor Faustina Kowalska, della Congregazione della Beata Vergine Maria della Misericordia (Maddalene), la quale, guidata interiormente, mi parlò sulla misericordia. Brevemente e spesso ripeteva il concetto della misericordia, stimolandomi così ad esaminare, studiare e a riflettere spesso su questa verità. All'inizio non sapevo bene di che cosa si trattasse; ascoltavo, dubitavo, mi ponevo delle domande, facevo delle ricerche e mi consigliavo con altri. Soltanto qualche anno più tardi capii l'importanza di quest'opera, l'immensità di quest'idea e mi sono convinto io stesso dell'efficacia di quell'antico, quanto grande e vivificante culto, ma trascurato da chi richiedeva ai tempi nostri un rinnovamento (...). La fiducia nella misericordia di Dio, il divulgare il culto della misericordia e consacrare ad esso, senza alcun limite, tutti i miei pensieri, parole ed opere, senza l'ombra del rischio di cercare solo me stesso, sarà d'ora in poi un principio fondamentale della mia vita, con l'aiuto della medesima misericordia incommensurabile».[1]

La figura di santa Faustina si ricollega all'immagine di Gesù Misericordioso e alla preghiera della coroncina alla Divina Misericordia dettatale da Cristo. Purtroppo, oggi anche i più ferventi fedeli dimenticano spesso che queste due importanti forme di devozione alla Divina Misericordia sono soltanto un frammento dell'insegnamento lasciatoci. Esiste dunque un reale pericolo di deformazione e di impoverimento del culto, che rischia di diventare superficiale, più emotivo che profondo, e perdere perciò la sua fecondità per la vita di fede.

Per posizionare la dottrina mistica di santa Faustina nel contesto della storia della mistica cristiana, cercherò di individuare le sue affinità spirituali con quelle di altre figure, dimostrando la sua novità e la fedeltà alla tradizione della Chiesa. Sono convinto che lo studio della scienza teologica di suor Faustina Maria Kowalska aiuterà a conoscere non solo l'agire di Dio che è Misericordia", ma anche l'essenza stessa di Dio Uno e Trino che è Amore. Nel prezioso *Diario* di suor Faustina troveremo l'indicazione di come bisogna interpretare l'incontro con Gesù, e metterlo nel centro della vita interiore. La riflessione che ora voglio offrire al lettore, come suggerisce il titolo

---

[1] M. SOPOĆKO, *Błogosławiony Ksiądz Michał Sopoćko - Dziennik* [*Beato don Michele Sopoćko - Diario*], Wydawnictwo św. Jerzego, Białystok 2010, pp. 97-98 [traduzione mia dall'originale polacco].

del libro, ha il suo riferimento centrale nel pensiero di santa Faustina. Esso si fonda sul messaggio importante ed esternamente urgente da parte di Gesù che lancia all'umanità intera. Perciò ricostruiremo brevemente la biografia di Kowalska nel contesto storico della Polonia, illustrando ed interpretando i temi principali del *Diario* della mistica per comprendere il vero senso del messaggio centrale. Scopo di questo libro è dunque questo: tracciare le linee generali nell'orizzonte universale del messaggio e collocare in esso l'aspetto specifico della riflessione di suor Faustina Kowalska, analizzando e presentando alcune chiavi di lettura dell'idea presente nel *Diario*.

I. LA VITA DI FAUSTINA NEL CONTESTO STORICO DELLA POLONIA

1.1 *LA VITA DI SANTA FAUSTINA KOWALSKA*

La vita di santa Faustina Elena Kowalska non è tanto ricca di fatti o di date. La principale azione della sua vita si svolge nella sfera spirituale. Benché Faustina stessa abbia scritto abbastanza della propria vita spirituale (molto più che negli eventi di ogni giorno), non possiamo dire di conoscerla con esattezza, poiché la vita di ogni uomo con Dio, e in modo particolare quella di un/a mistico/a, è conoscibile soltanto in parte. Siamo tuttavia al corrente dei più importanti episodi della vita e delle tappe principali dello sviluppo spirituale della mistica polacca. Ciò permette di abbozzare il suo ritratto spirituale.

Maria Faustina Kowalska nacque in Polonia il 25 agosto 1905, la terza di dieci figli, in una famiglia povera di contadini, ma molto devota. I suoi genitori sono Marianna e Stanislao Kowalski di Głogowiec. Nel giorno del battesimo, nella chiesa parrocchiale di Świdnice Warckie, Faustina ricevette il nome di Elena. Fin dall'infanzia si distinse per la devozione, nell'amore per la preghiera, la laboriosità, l'obbedienza e una grande sensibilità per le miserie umane. Già dal settimo anno di vita, due anni prima di ricevere la Prima Comunione, sentì viva la chiamata del Signore. Frequentò le suore per quasi tre anni; a sedici anni dovette lasciare la casa paterna per guadagnarsi da vivere ed aiutare i genitori svolgendo un lavoro umile come domestica ad Aleksandrów e Łódź. Quando più tardi manifestò il desiderio di entrare nella vita religiosa, i suoi genitori non le diedero il permesso. Elena quindi cercò di soffocare in sé la chiamata di Dio, ma incitata dalla visione di Cristo sofferente, dalle parole di rimprovero: «Quando tempo ancora ti dovrò sopportare? Fino a quando mi ingannerai?» (*Dz* n. 80), iniziò a cercare un istituto religioso. Bussò a numerose porte, ma da nessuna parte venne accolta. Già a 15 anni aveva chiesto il permesso di entrare in convento, ma i suoi erano stati irremovibili: lei non aveva neanche la dote necessaria, in casa sua c'erano soltanto debiti. Quando, finalmente, poté entrare nella vita religiosa visse tredici anni nella sua Congregazione, soggiornando in diverse case e svolgendo lavori di cuoca, giardiniera e portinaia, sempre con molto zelo e osservando fedelmente la regola religiosa.[2] Un giorno, ormai da religiosa della congregazione, suor Faustina tornò a casa dei suoi per una visita. Ricordandosi di quel momento e provando una grande gratitudine al Signore, custodendo il ricordo nel cuore ed un'emozione profonda, scrisse nel *Diario*:

> «È difficile descrivere quale grande gioia fu per i miei genitori e per tutta la famiglia. La salute di mia madre migliorò un po', ma il medico non diede alcuna speranza di una completa guarigione. Subito dopo esserci salutati, ci inginocchiammo tutti, per ringraziare Dio per esserci potuti incontrare ancora una volta tutti in questa vita. Quando osservai come pregava mio padre, mi vergognai molto, dato che io che ero vissuta tanti anni in convento non sapevo pregare con tanta sincerità e tanto fervore. Perciò ringrazio continuamente Iddio di tali genitori. Oh, come tutto è cambiato in questi dieci anni! Non mi ci oriento più. L'orto è molto più grande, è irriconoscibile, come non riconosco più i fratelli e le sorelle, che erano così piccoli ed ora sono tutti cresciuti e sono rimasta stupita di non averli trovati come quando ci siamo separati. Stanislavo mi accompagnava ogni giorno in chiesa. Sentivo che quella cara anima era molto gradita a Dio. L'ultimo giorno, quando non c'era più nessuno in chiesa, andai con lui davanti al Santissimo Sacramento e recitammo insieme il *Te Deum*. Dopo un momento di silenzio offrii quella cara anima al Cuore dolcissimo di Gesù. Quanto ho potuto pregare in quella chiesetta! Mi sono tornate in mente tutte le grazie che avevo ricevuto in quel luogo e che allora non comprendevo e di cui così spesso avevo abusato e mi sono meravigliata io stessa di essere stata tanto cieca. Mentre riflettevo su queste cose e mi rammaricavo per la mia cecità, improvvisamente ho visto Gesù nello splendore di una bellezza indicibile, che mi ha detto amabilmente: *O Mia eletta, ti concederò ancora maggiori grazie, affinché tu sia testimone per tutta l'eternità della Mia Misericordia infinita*. Quei giorni a casa li ho passati in mezzo a tanta compagnia, poiché ognuno voleva vedermi e scambiare qualche parola con me. Spesso ho contato fino a 25 persone. Erano incuriositi dai miei racconti sulla vita dei santi. Immaginavo che la nostra casa appartenesse veramente a Dio, dato che ogni sera vi si parlava soltanto di Dio. Quando, stanca di raccontare e desiderosa di un po' di solitudine e di silenzio, la sera mi appartavo nel giardino per poter parlare un po' a tu per tu con Dio, anche questo non mi riusciva, poiché venivano subito i fratelli e le sorelle e mi riportavano a casa, dove

---

[2] Cf. G. LYDEK, *Il mistero di Gesù Cristo Misericordioso in santa Faustina Kowalska*, SIGRAF, Pescara 2016, pp. 31-32.

dovevo continuare a parlare e con tanti occhi fissati su di me. Per fortuna riuscii a trovare il modo per riprendere fiato. Pregai i fratelli che cantassero per me, dato che avevano magnifiche voci e per di più uno suonava il violino ed un altro il mandolino. Allora potei dedicarmi alla preghiera mentale senza allontanarmi dalla loro compagnia. Un'altra cosa che mi costò molto, fu quella di dover baciare i bambini. Venivano le conoscenti coi loro bambini e mi pregavano di prenderli almeno un momento in braccio e di baciarli. Lo consideravano un gran favore e per me era un'occasione per esercitarmi nella virtù, poiché più di uno era abbastanza sporco ed allora per vincermi e non mostrare avversione, se il bambino era sporco lo baciavo due volte. Una conoscente mi portò il suo bambino malato agli occhi, che aveva pieni di pus e mi disse: *Sorella, prendilo un momentino in braccio*. La natura provava un senso di ripugnanza, ma senza badare a nulla, lo presi in braccio e lo baciai due volte proprio sugli occhi infiammati e pieni di pus e pregai Dio che io facesse guarire. Ebbi molte occasioni di esercitarmi nelle virtù. Ascoltai tutti quelli che mi vollero raccontare i loro guai e notai che non c'era un solo cuore gioioso, perché non c'era un cuore che amasse sinceramente Iddio e non me ne meravigliai affatto. Mi dispiacque immensamente che non potei incontrarmi con due delle mie sorelle. Sentivo nel mio intimo in che grande pericolo erano le loro anime. Mi si stringeva il cuore dal dolore al solo pensare a loro. In un momento in cui mi sentii molto vicina a Dio, chiesi fervorosamente al Signore la sua grazia per loro ed il Signore mi rispose: *Concedo loro non solo le grazie necessarie, ma anche grazie particolari*. Compresi che il Signore le avrebbe chiamate ad una più stretta unione con Sé. Godo enormemente al pensiero che nella nostra famiglia regna un così grande amore. Quando salutai i genitori e li pregai di benedirmi, sentii la potenza della grazia di Dio che scendeva nella mia anima. Mio padre, mia madre e la madrina del battesimo, mi diedero la loro benedizione piangendo e mi augurarono la massima fedeltà alla grazia di Dio e mi dissero di non dimenticare mai le tante grazie che Dio mi aveva concesso, chiamandomi alla vita religiosa. Mi chiesero di pregare per loro. Nonostante che piangessero tutti, io non versai neppure una piccola lacrima. Cercai di essere forte e li consolai tutti come potei, ricordando loro il paradiso, dove non ci saranno più separazioni. Stasio mi accompagnò all'auto. Gli dissi quanto Dio ami le anime pure e l'assicurai che Dio era contento di lui. Quando gli parlai della bontà di Dio e di quanto si preoccupi per noi, si mise a piangere come un bambino e non ne fui sorpresa per lui, perché è un'anima pura, perciò conosce facilmente Dio. Quando presi posto nell'auto, diedi sfogo al mio cuore e piansi anch'io di gioia come una bambina, per le tante grazie che Dio aveva concesso alla nostra famiglia e poi m immersi in una preghiera di ringraziamento. La sera ero già a Varsavia. Prima di tutti salutai il Padrone di Casa e poi salutai tutta la comunità. Quando, prima di andare a riposare, entrai dal Signore per la buonanotte e chiesi perdono al Signore per aver parlato tanto poco con Lui

> durante il mio soggiorno a casa, ad un tratto nel mio intimo sentii una voce: *Sono molto contento di questo, che tu non abbia parlato con Me, ma che tu abbia fatto conoscere la Mia bontà alle anime e le abbia sollecitate ad amarmi*» (*Dz* n.109-110).

Le visioni di suor Faustina sono diventate un *best seller* della devozione e della spiritualità alla divina misericordia, ed anche sotto il profilo teologico hanno suscitato non poca sorpresa negli studiosi per la profondità dei relativi scritti, tanto più straordinari in una suora che non aveva neppure terminato le scuole elementari. Il *Diario*, tradotto oggi in tutto il mondo, è il resoconto fedele della esperienza spirituale di suora polacca con Gesù misericordioso. Le fonti per conoscere la biografia e la spiritualità della santa Faustina Kowalska sono maggiormente le testimonianze raccolte durante il processo informativo diocesano, pochi documenti e annotazioni conservate negli archivi della *Congregazione delle Suore della Beata Vergine Maria della Misericordia*, ma prima di tutto i suoi "scritti". Essi sono la vera autobiografia, conosciuta come il *Diario* e le *Lettere.*

1.2 *Il contesto storico della Polonia*

Suor Faustina durante una visione mistica visse un esperienza significativa in cui la Madonna chiese a lei di pregare particolarmente per la Polonia. Nel *Diario* della santa leggiamo:

> «All'inizio della santa Messa vidi come al solito Gesù che ci benedisse ed entrò nel Tabernacolo. Ad un tratto vidi la Madonna con una veste bianca, un manto azzurro e col capo scoperto, che dall'altare venne verso di me, mi toccò con le Sue mani, mi copri col Suo manto e mi disse: *Offri questi voti per la Polonia. Prega per essa*» (*Dz* n. 126).

Bisogna tener presente che gli anni 1795-1918 per la Polonia rappresentano il tempo della schiavitù, sofferenza e grande attesa della liberazione dai nemici. I polacchi guardavano con fiducia alla Francia rivoluzionaria e poi a Napoleone, vissero incorporati nei confini delle tre potenze; la Russia, la Prussia e poi l'Austria. La parte sottoposta all'Austria, denominata "Galizia", dopo l'iniziale processo di un'intensa germanizzazione e le subdole divisioni della società godrà, dopo il 1866, di una certa autonomia, attraverso le Università delle città di Cracovia e Leopoli, centri propulsori della vita culturale della nazione. La parte prussiana, con il nome di "Granducato di Posnania", attraverso le oscillazioni della politica prussiana, contrastata apertamente da una insurrezione armata guidata dal Mierosławski, diventerà, dopo il 1840, teatro della più spietata germanizzazione, accentuatasi sotto Bismarck. I territori più estesi: la Lituania, Volinia, Podolia e Ucraina, rimasero incorporati alla Russia. Il resto costituì il Regno di Polonia (chiamato spesso "Regno del Congresso") con Parlamento ed esercito propri, unito alla corona imperiale russa. La Russia tentò di separare dalla Chiesa cattolica la Chiesa greco-cattolica polacca, ma si trovò di fronte a un'azione risoluta di cui furono animatori i Basiliani. Il governo usò una certa tolleranza nei confronti dei cattolici fino alla prima rivoluzione, poi la situazione peggiorò e divenne tragica. In un'altra significativa visione mistica di suor Faustina, riguardo la situazione tragica della Polonia, possiamo leggere:

> «Primo venerdì. Verso sera vidi la Madonna col petto scoperto, trafitto da una spada, che piangeva a calde lacrime e ci metteva al riparo da un tremendo castigo di Dio. Iddio voleva colpirci con un terribile castigo, ma non poté perché la Madonna ci protesse. Una paura tremenda attraversò la mia anima. Prego incessantemente per la Polonia, per la mia cara Polonia, che è così poco riconoscente alla Madonna. Se non ci fosse stata la Madonna, a ben poco sarebbero serviti i nostri sforzi. Moltiplicai il mio impegno nelle preghiere e nei sacrifici per la mia cara Patria, ma vidi che ero una goccia di fronte all'ondata del male. Come può una goccia trattenere un'ondata? Oh, si! Una goccia da sola è nulla, ma con Te, o Gesù, posso fronteggiare coraggiosamente tutta l'ondata del male e perfino l'inferno intero. La Tua onnipotenza può tutto. Una volta mentre attraversavo il corridoio andando verso la cucina, sentii nell'anima queste parole: *Recita continuamente la coroncina che ti ho insegnato. Chiunque la reciterà, otterrà tanta Misericordia nell'ora della morte. I sacerdoti la consiglieranno ai peccatori come ultima tavola di salvezza; anche se si trattasse del peccatore più incallito se recita questa coroncina una volta sola, otterrà la grazia dalla Mia infinita Misericordia. Desidero che tutto il mondo conosca la Mia Misericordia. Desidero concedere*

grazie inimmaginabili alle anime, che hanno fiducia nella Mia Misericordia. O Gesù, Vita e Verità, o mio Maestro, dirigi ogni passo della mia vita, in modo che io proceda secondo la Tua santa volontà. Una volta vidi il trono dell'Agnello di Dio e davanti al trono tre santi: Stanislao Kostka, Andrea Bobola ed il principe Casimiro, che intercedevano per la Polonia. Ad un tratto vidi un gran libro che è davanti al trono e mi venne dato il libro perché lo leggessi. Quel libro era scritto col sangue; io però non potei leggere nulla se non il Nome di Gesù. Allora sentii una voce, che mi disse: *Non è ancora venuta la tua ora.* Prese il libro e udii queste parole: *Tu sarai testimone della Mia infinita Misericordia. In questo libro sono scritte le anime che hanno venerato la Mia Misericordia.* Fui inondata di gioia, vedendo la grande bontà di Dio» (*Dz* n. 176).

L'esito della prima guerra mondiale, fedele a Dio e alla Madonna, permise alla Polonia di riacquistare la sua indipendenza l'11 novembre 1918. Prima e durante il conflitto si erano battuti a questo scopo note personalità, come Dmowski e Piłsudski. La vita iniziale della Repubblica non fu facile. Tuttavia in poco tempo le più gravi ferite della guerra furono rimarginate. Nel 1921 fu votata la prima Costituzione della nuova Polonia. Il 1924 è l'anno della grande riforma monetaria. Con un colpo di stato Piłsudski prese il potere nel maggio del 1926. La seconda Costituzione fu elaborata nel 1935. Grazie alla bontà di Dio, come usa dire santa Faustina nel *Diario*, grande fu anche il fervore della rinascita religiosa: nel 1920 venne fondata una università cattolica a Lublino e nel 1925 fu stipulato il concordato con la Santa Sede. Nel *Diario* la santa si confida dicendo:

«Polonia, mia cara Patria, oh, se sapessi quanti sacrifici e quante preghiere offro a Dio per te! Fai bene attenzione e rendi gloria a Dio. Dio t'innalza e ti tratta in modo particolare, ma sappi esserne riconoscente» (*Dz* n. 249).

Lo scoppio della seconda guerra mondiale trovò la Polonia compatta, unita e religiosa. Attaccata il primo settembre nel 1939 dalla Germania, colpita alle spalle dall'U.R.S.S., la Polonia cadde. Milioni di cittadini perirono nei campi di concentramento nazisti, altre centinaia di migliaia furono deportati dai Russi. La suprema pagina di gloria fu scritta con la tragica insurrezione di Varsavia nel 1944. Con l'aiuto di Dio, la fine della seconda guerra mondiale in Europa si ebbe con la resa della Germania nazista nelle battaglie, le quali ebbero luogo tra la fine di aprile e l'inizio di maggio del 1945. La Polonia, nonostante un altro nemico che si stava avvicinando - il comunismo, cercò di rialzarsi, di ricostruire tutto, avendo piena fiducia in Dio. Nel *Diario* di santa Faustina Kowalska troviamo una promessa d'aiuto da parte di Gesù nell'innalzamento della Polonia:

> «Amo la Polonia in modo particolare e, se ubbidirà al Mio volere, l'innalzerò in potenza e santità. Da essa uscirà la scintilla che preparerà il mondo alla Mia ultima venuta» (*Dz* n. 418- 419).

1.3 *Unione spirituale della santa con Dio nella sua vita apparentemente ordinaria*

Il 1 agosto 1925 Faustina entrò nel convento della Congregazione delle Suore della Beata Vergine Maria della Misericordia a Varsavia. Ella pensando a quel giorno scrisse nel *Diario*:

> «Mi sentivo infinitamente felice; mi pareva di essere entrata nella vita del paradiso. Dal mio cuore erompeva, unica, la preghiera della gratitudine. Dopo tre settimane però, mi accorsi che qui era così poco il tempo dedicato all'orazione e che c'erano molte altre cose che mi spingevano nell'intimo ad entrare in un convento di regola più stretta. Tale pensiero prendeva sempre più forza dentro di me, ma non era questa la volontà di Dio. Tuttavia quel pensiero, cioè quella tentazione si consolidava sempre più, tanto che un giorno decisi di parlarne con la Madre Superiora e di uscire decisamente dal convento. Tuttavia Iddio diresse le circostanze in modo tale che non potei accedere alla Madre Superiora. Prima di andare a riposare, entrai nella cappellina e domandai a Gesù di illuminarmi su questo problema; ma non ottenni nulla nel mio intimo; solo s'impadronì di me una strana inquietudine che non riuscii a comprendere. Tuttavia, nonostante tutto, mi proposi di rivolgermi alla Madre Superiora di primo mattino, subito dopo la santa Messa e comunicarle la decisione presa. Andai verso la cella; le suore erano già coricate e le luci spente. Entrai, angosciata e insoddisfatta, nella cella. Non sapevo più che

fare. Mi buttai a terra e cominciai a pregare con fervore per conoscere la volontà di Dio. Dappertutto silenzio, come in un tabernacolo. Tutte le suore, simili a bianche ostie rinchiuse dentro il calice di Gesù, riposavano e solo dalla mia cella Iddio udiva il gemito di un'anima. Non sapevo che, senza autorizzazione, non era consentito pregare nelle celle dopo le nove di sera. Dopo un momento, nella mia cella si fece un chiarore e vidi sulla tenda il volto di Gesù molto addolorato. Piaghe vive su tutto il Volto e grosse lacrime cadevano sulla coperta del mio letto» (*Dz* n. 4).

Dopo alcune settimane, infatti, Faustina subì la forte tentazione di trasferirsi in un'altra congregazione, in cui ci fosse più tempo da dedicare alla preghiera. Allora Gesù, mostrandole il suo volto, come lo riporta appena citato il testo del *Diario*, ferito e sofferente, disse a lei:

«Tu mi causerai un simile dolore, se uscirai da questo ordine. È qui che ti ho chiamata e non altrove e ho preparato per te molte grazie» (*Dz* n. 4).

Faustina decise di rimanere nel convento e obbedire al Signore. Nella congregazione riceve il nome di suor Maria Faustina. Trascorse il tempo del noviziato a Cracovia e lì, alla presenza del vescovo ausiliare di Cracovia Stanislavo Rospond, pronunziò i primi voti e, dopo cinque anni, i voti perpetui di castità, povertà e obbedienza. Lavorò nelle diverse case della congregazione, più a lungo a Cracovia, Płock e Wilno (oggi Vilnius, la capitale della Lituania).

Bisogna sottolineare però, che nulla all'esterno tradiva la vita mistica di suor Faustina così eccezionale e ricca. Svolgeva i suoi compiti semplici con ardore, osservava con fedeltà tutte le regole della vita religiosa, viveva in raccoglimento e silenzio, e nello stesso tempo era spontanea, serena, piena di cordiale e disinteressata carità verso gli altri. La sua vita, apparentemente ordinaria, monotona e grigia, nascondeva in sè una profonda e straordinaria unione con Dio pieno di misericordia. Tutta la sua vita era concentrata nel tendere ad una unione sempre con Gesù nell'opera della salvezza delle anime. Un giorno suor Faustina confessò nel suo *Diario*:

«Gesù mio, Tu sai che fin dai miei primissimi anni ho desiderato diventare una grande santa, cioè ho desiderato amarti con un amore tanto grande, quale finora nessun'anima ha avuto verso di Te. All'inizio era un mio desiderio segreto noto soltanto a Gesù. Oggi non riesco a contenerlo nel mio cuore e vorrei gridare al mondo intero: Amate Dio, poiché Egli è buono e grande è la Sua Misericordia. O giorni comuni e pieni di grigiore, vi osservo con occhio solenne e festivo! Quanto è grande e solenne il tempo che ci dà la possibilità di raccogliere meriti per il paradiso eterno! Comprendo come lo utilizzerebbero i santi» (*Dz* n. 4).

Nel corso della permanenza di suor Faustina a Wilno, le viene scoperta la tubercolosi, che gradualmente invase poi tutti i suoi organi, causandole grandi sofferenze. Passò molto tempo nell'infermeria del convento ed a Cracovia fu ricoverata nell'ospedale di Prądnik Czerwony, dove si cercava di curare questa terribile malattia. Appena si sentiva un po' meglio riprendeva i suoi compiti, combattendo la malattia e la sofferenza con una grande forza di volontà e con un grande amore per Gesù. Suor Faustina morì nel convento di Cracovia a Łagiewniki il 5 ottobre del 1938 all'età di appena 33 anni, distrutta dalla malattia e da varie sofferenze che sopportava volentieri come sacrificio per i peccatori, nella pienezza della maturità spirituale e misticamente unita a Dio. Sul letto di morte aveva detto:

«Io sento chiaramente che la mia missione non finisce con la morte, ma comincia (...). O anime dubbiose, solleverò per voi il velo del paradiso, per convincervi della bontà di Dio, perché non continuiate a ferire con la diffidenza il Cuore dolcissimo di Gesù. Dio è amore e Misericordia!» (*Dz* n. 4).

Santa suor Maria Faustina Kowalska fu sepolta nel cimitero del convento nella tomba comune delle suore. Oggi la sua tomba con i pochi resti corporali sono conservati nella cappella della casa religiosa a Cracovia in Polonia, dove la santa si recava a pregare. Le sue reliquie sono sparse nel mondo in molte chiese.

1.4 *Suor Faustina - Apostola della Divina Misericordia*

Dopo la morte di suor Faustina, la fama di santità della sua vita si diffuse nell'arcidiocesi di Cracovia, di Wilno e in seguito in tutta la Polonia. Esso fu accompagnato subito dalla conoscenza ed approfondimento della devozione alla Divina Misericordia (il quadro di Gesù misericordioso e la preghiera della coroncina). Tutto ciò fu sulla scia delle grazie ottenute per intercessione di suor Faustina. Negli anni 1963-67, nell'arcidiocesi di Cracovia, si svolse il processo informativo relativo sulla vita e sulle virtù di suor Faustina Kowalska. La causa fu promossa dall'allora vescovo ausiliare di Cracovia Karol Wojtyła. Nel 1968 a Roma ebbe inizio il processo di beatificazione della suora, che si concluse nel dicembre del 1992. Il 18 aprile 1993 il papa Giovanni Paolo II l'ha proclamata *Beata*. Nell'anno del *Grande Giubileo*, il 30 aprile 2000, davanti a una folla di oltre duecentomila pellegrini convenuti a piazza san Pietro in Vaticano, Giovanni Paolo II canonizzò la prima santa del giubileo, la piccola suor Faustina Kowalska. Il papa proclamò che la *Festa della Divina Misericordia* fosse celebrata ogni anno nella chiesa, nella prima domenica dopo Pasqua - *domenica in albis*, conformemente a quanto fu scritto dall'*Apostola della Divina Misericordia* nel suo *Diario*. In questa storica seconda domenica di Pasqua 2000, Giovanni Paolo II autorevolmente definì la *Domenica della Divina Misericordia* come *universaliter et in perpetuo* insieme alle più alte e competenti *Congregazioni della Santa Sede*.

Santa suor Maria Faustina Kowalska conosciuta nel mondo come *l'Apostola della Divina Misericordia*, appartiene a quel gruppo dei santi della Chiesa Cattolica che sono più conosciuti e venerati. Attraverso di Lei il Signore manda al mondo il grande messaggio della Misericordia di Dio e mostra un esempio di perfezione cristiana, basata sulla fiducia in Dio e sull'atteggiamento misericordioso verso il prossimo. Teniamo ben presente che la santa fu una figlia fedele ed obbediente alla Chiesa, ella la amò come la Madre vera e come il Corpo Mistico di Gesù misericordioso. Consapevole della sua missione nella Chiesa collaborò con la divina grazia, offrendo a Dio tutta la vita religiosa, le preghiere, numerose sofferenze ed umiliazioni per la salvezza delle anime. In questo modo, santa Faustina rispose al desiderio, ma anche all'esempio di Gesù, il Maestro supremo, ed offrì totalmente la sua vita in sacrificio delle anime. Gli anni della vita religiosa della santa abbondarono di grazie straordinarie: le rivelazioni, le visioni, le stigmate nascoste, la partecipazione alla passione del Signore, il dono dell'ubiquità, il dono di leggere nelle anime, il dono della profezia e il raro dono del "fidanzamento e dello sposalizio mistico". La vita spirituale di suor Faustina si caratterizzava inoltre nell'amore per l'Eucaristia e nella profonda devozione alla Madre di Dio, Madre della Misericordia. Il contatto vivo con Dio, con la Madonna, con gli angeli, con i santi, con le anime del purgatorio fu per lei non meno reale e concreto di quello che sperimentava con i sensi. Malgrado il dono di tante grazie straordinarie era consapevole che non sono esse a costituire l'essenza della santità. Tanto è vero che suor Faustina scrisse nel *Diario*:

> «Né le grazie, né le rivelazioni, né le estasi, né alcun altro dono ad essa elargito la rendono perfetta, ma l'unione intima della mia anima con Dio. I doni sono soltanto un ornamento dell'anima, ma non ne costituiscono la sostanza né la perfezione. La mia santità e perfezione consiste in una stretta unione della mia volontà con la volontà di Dio» (*Dz* n. 260).

Diremo che la vera perfezione è quella solamente dell'amore. In questa via della perfezione e di santità, indicata da suor Faustina, c'è più amore autentico per il Signore che è la Misericordia incarnata. In altre parole: «quando non so che fare, interrogo l'amore, è lui che mi consiglia per il meglio. Il Signore ci chiama alla perfezione: *Siate perfetti come il vostro Padre del cielo è perfetto* (Mt 5,48)».[3] Il Signore aveva scelto proprio la piccola suor Faustina come apostola per poter rafforzare, per mezzo di lei, il grande e fondamentale messaggio della Sua infinita misericordia al mondo intero. Per questo leggiamo nel *Diario*:

> «nell'Antico Testamento mandai al Mio popolo i profeti con i fulmini. Oggi mando te a tutta l'umanità con la Mia misericordia. Non voglio punire l'umanità sofferente, ma desidero guarirla e stringerla al Mio Cuore misericordioso» (*Dz* n. 387).

---

[3] J. PHILIPPE, *La pace del cuore*, Dehoniano, Andria 2006, p. 55.

Nella Chiesa suor Faustina è ormai riconosciuta come santa. Tramite Kowalska Dio ha invitato l'umanità sofferente a venerare la Sua infinita misericordia.[4] L'umile figlia di contadini polacchi offre la sua ricca scienza su Dio, che non si scoraggia mai di fronte alle piccole debolezze e ai grandi crimini dell'uomo. Suor Faustina invita gli uomini a studiare e meditare la verità sull'infinita Misericordia di Dio ed a camminare con fiducia verso di Lui.[5]

Il 15 giugno del 1999 a Cracovia Giovanni Paolo II, spiegando l'importanza della verità sulla misericordia di Dio in suor Faustina, disse: «al termine del XX secolo, il mondo sembra più che mai aver bisogno di tale messaggio. Portatelo nei tempi nuovi come germoglio di speranza e pegno di salvezza».[6] Il papa, nei pressi di Cracovia a Łagiewniki, animato da ardente desiderio che derivava dal suo ministero pietrino, affidò il mondo intero alla *Divina Misericordia*. Lo fece nel corso dell'omelia pronunciata durante la celebrazione eucaristica per la dedicazione del nuovo e grande *Santuario della Divina Misericordia*, appena costruito. Esso sorge accanto al convento della *Congregazione delle Suore della Beata Vergine Maria della Misericordia*, dove si trova la piccola cassa (il reliquario grande) con i resti mortali di santa suor Faustina Kowalska. Giovanni Paolo II compiendo quest'importante e storico atto di affidamento dell'umanità, disse:

> «in questo santuario voglio solennemente affidare il mondo alla *Divina Misericordia*. Lo faccio con il desiderio ardente che il messaggio dell'amore misericordioso di Dio, qui proclamato mediante santa Faustina, giunga a tutti gli abitanti della terra e ne riempia i cuori di speranza. Tale messaggio si diffonda da questo luogo nell'intera nostra amata patria e nel mondo».[7]

---

[4] Cf. H. CIERESZKO, *Il cammino di santità di Don Michele Sopoćko*, LEV, Città del Vaticano 2008, p. 61.
[5] Cf. *ibid.*, p. 8.
[6] GIOVANNI PAOLO II, *La misericordia*, in E. MENGHINI, *Dives in Misericordia*, Alcione, Lavis (TN), Anno VII (3) 2008, p. 2.
[7] IOANNES PAULUS II, *Konsacracja Sanktuarium*, in *AAS* 95(2003), 43

II. TEMI PRINCIPALI DI SANTA FAUSTINA – SPIRITUALITÀ E MISSIONE

2.1 *IL DIARIO DI MISTICA FAUSTINA KOWALSKA*

La Provvidenza Divina, nella missione di santa suor Faustina, affidò un ruolo particolare al suo confessore e direttore spirituale. Sopoćko in una delle sue relazioni per la beatificazione di suor Faustina Kowalska scrisse:

> «Conobbi suor Faustina nell'estate del 1933 (in luglio o in agosto) come una delle figlie spirituali della Congregazione delle suore della Beata Vergine Maria della Misericordia a Vilnius. In quel periodo ero confessore ordinario di questa congregazione. Suor Faustina attirò la mia attenzione con la sua sensibilità straordinaria della coscienza, e con la sua stretta unione con Dio. Il più delle volte non c'era materia per l'assoluzione e mai offese Dio con un peccato grave. Sin dall'inizio, suor Faustina mi comunicò di conoscermi già, in quanto da tempo ero presente in alcune delle sue visioni. Mi disse che avrei dovuto essere il suo direttore spirituale e che avrei dovuto realizzare un progetto divino che mi sarebbe stato rivelato per il suo tramite. Non presi sul serio questo suo racconto e, con il permesso della superiora, sottomisi suor Faustina ad una prova che la spinse a cercare un altro confessore. Dopo un certo tempo, tornò da me e dichiarò di essere pronta a sopportare tutto, ma che non sarebbe andata più via da me. In questo luogo, non descriverò in dettaglio tutto ciò che suor Faustina mi disse, dato che ella racconta questa nostra conversazione nel suo *Diario*».[8]

Kowalska iniziò a presentargli in modo sempre più ampio le sue visioni e le sue esperienze. Il sacerdote le ordinò di annotarle per leggerle in seguito valutandone il messaggio.[9] In questo modo nacque il *Diario* spirituale di suor Faustina.

---

[8] M. SOPOĆKO, *Wspomnienia o zmarłej siostrze Faustynie Kowalskiej* [*Ricordi sulla morte di suor Faustina Kowalska*], AZSJM, 1948, p. 1 [traduzione nostra dall'originale polacco].

[9] Cf. H. CIERESZKO, *Il cammino di santità di Don Michele Sopoćko*, pp. 94-95.

Il *Diario* è frutto della collaborazione fedele di questa mistica[10] con la grazia divina. Suor Faustina scrivendolo si è lasciata avvolgere dalla misericordia e dalla fedeltà di Dio, fino al punto da impegnarsi a vivere l'amore sponsale con lo Sposo Gesù, sempre con l'aiuto della Grazia, perché non è possibile con le sole risorse umane. La suora ebbe abbracciato la logica della fedeltà di Dio come "l'Amore e la Misericordia". Ed è proprio questo che rende questa relazione di amore tra Kowalska e Gesù che si evince facilmente nel *Diario*. Il vissuto della suora "in Cristo e nella Chiesa" diventa un segno significativo, cioè espressione e manifestazione, dell'amore misericordioso con cui Dio ama l'umanità e Cristo ama la Chiesa, anche quando essa diventa una sposa infedele e peccatrice.

Suor Faustina, consapevole dell'aiuto da parte di Cristo, con umiltà, fedeltà ed obbedienza accettò la "richiesta" di scrivere su Dio, sulla Sua bontà e sulla Sua misericordia. Grazie alle numerose ispirazioni, la suora intuì l'importanza apostolica nello scrivere il *Diario* secondo l'ordine di Gesù. Tanto è vero il Signore le aveva detto:

> «Il tuo compito è quello di scrivere tutto ciò che ti faccio conoscere sulla mia Misericordia, per il bene delle anime che, leggendo questi scritti, proveranno un conforto interiore e saranno incoraggiate ad avvicinarsi a Me» (*Dz* n. 410).

---

[10] Difatti: «Dove se non nella Divina Misericordia il mondo può trovare lo scampo e la luce della speranza? I credenti lo intuiscono perfettamente»: IOANNES PAULUS II, *Commentarium Officiale*, in *AAS* 92(2000), 82. Santa Faustina attraverso il messaggio della Divina Misericordia e la sua straordinaria esperienza mistica desiderava venire incontro agli uomini, in particolare a quelli colpiti da molteplici mali, sofferenze fisiche e spirituali ed indicare loro il cammino della speranza: «L'umanità non troverà pace finché non si rivolgerà con fiducia alla Mia Misericordia», le aveva detto Gesù: F. KOWALSKA, *Diario*, p. 235. In questa ricerca con il termine "mistica", intendo un'esperienza speciale e profonda di conoscenza e di unione con la realtà divina, liberamente concessa da Dio. «Le esperienze mistiche, che possono essere accompagnate da estasi, visioni e altri fenomeni del genere, sono di solito precedute da una pratica seria di contemplazione e di ascesi. La mistica si riscontra in tutte le grandi religioni del mondo, ma nell'esperienza cristiana ha una qualità altamente personale e accentua anziché sopprimere il senso di distinzione tra il mistico e Dio. La mistica genuina produce sempre un amore più generoso verso gli altri, e sembra trovarsi frequentemente tra i cristiani che si dedicano alla preghiera e che sono sensibili alla presenza di Dio nella loro vita»: J. L. MCKENZIE, *Dizionario Biblico*, B. MAGGIONI (ed.), STE, Città di Castello 1973, p. 456. Questo termine viene usato e ben spiegato dal Sommo Pontefice Benedetto XVI nella sua prima enciclica *Deus caritas est*, dove tratta dell'esperienza mistica, «in cui si esprime l'essenza della fede biblica: sì, esiste una unificazione dell'uomo con Dio - il sogno originario dell'uomo, ma questa unificazione non è un fondersi insieme, un affondare nell'oceano anonimo del Divino; è unità che crea amore, in cui entrambi - Dio e l'uomo - restano se stessi e tuttavia diventano pienamente una cosa sola»: BENEDICTUS XVI, *Littera Encyclica - Deus caritas est* [25 dicembre 2005], in *AAS* 98(2006) 246. «La mistica cristiana in senso stretto è per sua natura compimento del mistero di Cristo misericordioso nell'uomo e richiede l'esercizio delle virtù teologali oltre che l'opera dello Spirito Santo all'interno della mediazione della Chiesa. I mistici sono i canali, come spesso diceva Sopoćko nei suoi scritti spirituali, attraverso cui un po' della conoscenza della verità intradivina filtra entro il nostro universo umano»: L. BORRIELLO - E. CARUANA - M. R. DEL GENIO - N. SUFFI, *Dizionario di Mistica*, LEV, Città del Vaticano 2000, pp. 78-79.

La meditazione degli scritti di santa Faustina suscita un profondo desiderio di Dio, della sua infinita Misericordia nonostante la propria miseria e debolezza.

Il *Diario* è composto di sei quaderni, ad alcuni dei quali l'autrice diede dei titoli significativi: I. *La Misericordia divina nella mia anima*, II. *Canterò in eterno la Misericordia del Signore*, III. *Canterò la Misericordia del Signore*, *La mia preparazione alla Santa Comunione*. La scrittura del *Diario* è avvenuta grazie al suo confessore e padre spirituale, oggi beato, sac. dott. Michał Sopoćko. Più il confessore si convinceva, riguardo alla fonte soprannaturale delle esperienze della suora, più insisteva, anzi, addirittura ordinava con fermezza, di annotare con precisione tutto quanto il Gesù Misericordioso le manifestava. Sino alla fine, il sacerdote ricordava a Faustina l'adempimento di tale ordine, e spesso le impartiva dei consigli preziosi e concreti.[11]

È stato lui ad accertare, con tutto rispetto, ciò che suor Faustina diceva delle sue rivelazioni; ordinandole di scrivere il *Diario*, e dopo, per tutta la vita, cercando di ottenere l'approvazione ufficiale da parte della Chiesa. Diviene anche il principale propagatore del culto della divina misericordia in Polonia.[12]

Sopoćko è stato il primo a considerare il *Diario* di santa Faustina un tesoro prezioso che il Signore ha concesso alla Chiesa e all'umanità intera. Contiene, infatti, la verità sull'infinita Misericordia di Dio, messaggio che la Chiesa - ricordò Giovanni Paolo II nell'enciclica *Dives in Misericordia* - ha il dovere in ogni tappa della storia di proclamare e di introdurre nella vita. Di questo messaggio - sull'amore misericordioso di Dio - ha bisogno il mondo intero.[13]

Proprio nel *Diario*, suor Faustina molte volte nominava il sacerdote, sempre con un grande rispetto e gratitudine. Scrive fra l'altro:

> «Pregavo con ardore affinché Dio mi desse questa grande grazia, cioè il direttore spirituale, però l'ho ricevuta soltanto dopo la professione perpetua, quando arrivai a Wilno» (*Dz* n. 9).

---

[11] Cf. L. GRYGIEL, *Misericordia Divina per il mondo intero*, p. 14.

[12] Cf. E. OZOROWSKI - Z. JARZĄBEK - E. BOBKOWSKA (edd.), *I dialoghi sulla Misericordia Divina*, p. 29.

[13] Cf. *ibidem*.

Durante il periodo in cui suor Faustina soggiornava a Wilno, negli anni 1933-1936, questo sacerdote fu per lei un aiuto insostituibile nel discernimento delle esperienze e visioni interiori. Dopo la partenza di suor Faustina da Wilno, nell'aprile del 1936, Sopoćko iniziò a consultare i testi di alcuni Padri della Chiesa che confermarono le parole di suor Faustina: «la Misericordia di Dio è il Suo più grande attributo».[14] Da quel momento, il sacerdote iniziò a scrivere articoli sulla Misericordia di Dio e li pubblicò in riviste di teologia. In risposta agli sforzi compiuti dal sacerdote, suor Faustina scrive nel suo *Diario*:

> «Vedendo la dedizione e le fatiche del reverendo dott. Sopoćko per questa causa, ammiravo la sua pazienza ed umiltà. Tutto questo è costato molto, non solo in sacrifici e dispiaceri di vario genere, ma anche molto denaro; ed a tutto ha provveduto il reverendo Sopoćko. Vedo che la Divina Provvidenza lo aveva preparato a compiere quest'opera della misericordia, ancora prima che io pregassi Dio per questo. Oh, come sono misteriose le Tue vie, Dio, e felici le anime che seguono la voce della Tua grazia!» (*Dz* n. 115).

Nel marzo del 1936 suor Faustina partì da Wilno e dopo un breve soggiorno a Walendów nei pressi di Varsavia, fu trasferita nello stesso anno a Łagiewniki vicino a Cracovia.[15] Sopoćko teneva i contatti con lei attraverso la corrispondenza e andava a trovarla a Cracovia. Continuava l'opera di avvicinare al mondo il mistero della divina misericordia, affidato anche a lui.

Nella sua semplicità ha ricevuto dal Signore, e nella sua fedeltà ha trasmesso con interezza, un insegnamento quanto mai efficace, tracciando un cammino di fede attraverso il quale i credenti possono diventare apostoli della divina misericordia e trasmettere questo dono ineffabile alle future generazioni.[16] «Per il suo interessamento una nuova luce risplenderà nella Chiesa di Dio per la consolazione delle anime»;[17] scrisse nel *Diario* suor Kowalska. In un altro brano confessa:

---

[14] *Ibid.*, p. 181.
[15] Cf. H. CIERESZKO, *Życie i działalność Księdza Michała Sopoćki (1888-1975)*, pp. 255-257.
[16] Cf. L. GRYGIEL, *Misericordia Divina per il mondo intero*, p. 11.
[17] F. KOWALSKA, *Diario*, p. 490.

«Ai piedi di Gesù vidi il mio confessore e dietro di lui un gran numero di ecclesiastici di altissimo rango, con indumenti che non avevo mai visto, eccetto allora in visione. E dietro a loro varie classi di ecclesiastici. Più in là vidi una folla così vasta di gente che non riuscii ad abbracciarla con lo sguardo. Vidi che dall'Ostia uscivano due raggi, come sono nell'immagine, che si unirono strettamente fra di loro, ma non si confusero e passarono nelle mani del mio confessore e poi nelle mani degli ecclesiastici e dalle loro mani passarono alla gente e tornarono nell'Ostia» (*Dz* n. 94).

Le "rivelazioni private" ricevute da suor Faustina possono aiutare di certo a vivere pienamente la rivelazione di Cristo "in una determinata epoca storica".[18] Riassumendo, si può affermare che la destinataria delle rivelazioni private era santa Faustina. Sopoćko, invece, essendo il suo confessore e il direttore spirituale, aiutava suor Faustina a trovare chiarezza a volte, nelle difficili circostanze che accompagnavano le rivelazioni.

Alla domanda "che cosa pensa di suor Faustina e delle sue apparizioni?" Sopoćko rispose nella sua relazione così:

«Dal punto di vista del carattere, era una persona assolutamente equilibrata, senza un'ombra di psiconevrosi o isterismo. Naturalezza e semplicità erano le sue caratteristiche principali nei rapporti con le sorelle della congregazione e con le persone estranee. Non c'era in lei niente di artificiale, teatrale, forzato. Non c'era alcuna voglia di attirare l'attenzione. Anzi, cercava di non sembrare diversa da altri e non parlava con nessuno delle sue esperienze interiori, tranne al confessore e alle superiore. La sua sentimentalità fu normale, controllata dalla volontà, senza manifestare facilmente i vari stati d'animo e le varie emozioni. Non cedeva alla depressione psichica, né all'irritazione durante gli insuccessi che sopportava tranquillamente, sottomettendosi alla volontà di Dio. Dal punto di vista mentale era una persona intelligente e aveva un discernimento sano delle cose, pur non essendo molto colta: sapeva appena leggere e scriveva con errori. Dava dei consigli giustissimi alle sue consorelle, quando si rivolgevano a lei. Anch'io, a titolo di prova, le sottomisi alcuni dubbi che risolse in un modo molto giusto. La sua immaginazione era ricca, ma non esaltata. Spesso non era capace di distinguere la propria immaginazione da eventi soprannaturali, specialmente quando si trattava di ricordi del passato. Ma quando glielo feci notare, ordinandole di sottolineare nel *Diario* tutto ciò che non

[18] Cf. G. CIONCHINO - R. TISOT - S. TONGETTI, *Gesù confido in Te*, p. 19.

avrebbe potuto garantire con sicurezza che non fosse stato frutto della sua immaginazione - tralasciò alcuni suoi ricordi. Dal punto di vista morale era assolutamente sincera, senza un minimo di esagerazione e neanche un'ombra di menzogna. Diceva sempre la verità, anche se a volte questo le causava un dispiacere. Nel 1934, in estate, fui assente per alcune settimane, e suor Faustina confidò le sue esperienze ad altri confessori. Al ritorno seppi che suor Faustina aveva bruciato il suo *Diario*. Ecco le circostanze, sembra che le fosse apparso un Angelo che le avesse ordinato di buttarlo nella caldaia dicendo: *Stai scrivendo delle sciocchezze e non fai altro che esporre te stessa e altre persone ai dispiaceri. Che cosa ti porta questa misericordia? Perché stai perdendo tempo a descrivere certe allucinazioni? Brucia tutto e sarai più tranquilla e più felice!* Suor Faustina non aveva nessuno che potesse consigliarla, e finita la visione eseguì l'ordine del presunto angelo. Poi capì di avere sbagliato e mi raccontò tutto, e poi, per mio ordine dovette riscrivere tutto da capo. Dal punto di vista delle virtù soprannaturali faceva degli evidenti progressi. Anche se vidi in lei, sin dall'inizio, la virtù della castità provata e ben radicata, una grande umiltà, ardore, ubbidienza, povertà e amore verso Dio e verso il prossimo, fu facile constatare la loro graduale crescita, e in particolare verso la fine della sua vita aumentò in lei l'amore verso Dio. Lo espresse nelle sue poesie. Oggi non ricordo tutto esattamente, ma in generale mi viene in mente lo stupore che provai davanti al contenuto di queste poesie (non davanti alla forma) quando le lessi».[19]

Si potrebbe dire che Sopoćko e suor Faustina erano collaboratori nel compimento della volontà del Signore Gesù sul culto della divina misericordia. Sia Kowalska che Sopoćko lavorarono intensamente alla diffusione del messaggio del Gesù Misericordioso, la cui volontà era per loro il punto di riferimento più importante. «Ho fiducia in Dio e sono fiducioso che tutto funzionerà secondo la Sua volontà».[20] In una lettera Sopoćko scrisse a suor Faustina: «Vi consiglio, da parte mia di continuare a lavorare ed optare per la volontà di Dio con grande cautela e calma (...)».[21] Ecco come rispose Kowalska al suo direttore spirituale:

«In tutto questo, bisogna affidarsi alla volontà di Dio e senza preavviso, non fare nulla da soli. Ora possiamo capire meglio la necessità di lavorare lentamente e con pazienza».[22]

---

[19] M. SOPOĆKO, *Wspomnienia o zmarłej siostrze Faustynie Kowalskiej*, p. 6 [traduzione nostra dall'originale polacco].
[20] *Ibidem.*
[21] F. KOWALSKA, *Lettere*, p. 63.
[22] *Ibidem.*

2.2 *La Spiritualità di Faustina*

Alla base della spiritualità di santa Faustina troviamo il mistero della misericordia di Dio, che ella meditava nella Parola di Dio e contemplava nella quotidianità della vita. La conoscenza e la contemplazione del mistero della misericordia di Dio, infatti, sviluppavano in lei un atteggiamento di fiducia filiale in Dio e di misericordia verso il prossimo. Un giorno scrisse nel *Diario*:

> «O mio Gesù, ognuno dei Tuoi santi rispecchia in sè una delle Tue virtù; io desidero rispecchiare il Tuo Cuore compassionevole e pieno di misericordia, voglio glorificarlo. La Tua misericordia, o Gesù, sia impressa sul mio cuore e sulla mia anima come un sigillo e ciò sarà il mio segno distintivo in questa e nell'altra vita» (*Dz* n. 287).

Analizzando il *Diario*, notiamo che per "spiritualità" suor Faustina intende "la vita in Dio Trino ed Uno". Essa viene condotta dal battezzato, diventa il frutto e la crescita della grazia battesimale, inserita nel Mistero Pasquale e nella comunità cristiana. La vita viene vissuta nell'accoglienza reale e operativa delle mozioni, che lo Spirito suscita nel cuore del credente in Cristo misericordioso. La vita segnata dalla *sequela Christi*, nell'obbedienza incondizionata al dettato evangelico. La vita caratterizzata da una relazione personale con Dio misericordioso, alimentata dalla duplice mensa della Parola e dell'Eucaristia, sempre in ambito comunitario.

Secondo il pensiero di Kowalska, la spiritualità è messa in opera dall'azione salvifica di Dio misericordioso nel Cristo per mezzo dello Spirito Santo, in ciascuno dei cristiani e nella comunità che è la Chiesa, tempio dello Spirito. Questa descrizione di spiritualità definisce giustamente come essenziale l'aspetto trinitario e soprattutto la presenza dello Spirito Santo. Tanto è vero che il sostantivo "spiritualità" e l'aggettivo "spirituale" richiamano alla mente la persona umana, nella quale c'è la presenza del dono dello Spirito del Padre e del Figlio. L'esistenza di tale persona è vita animata dallo Spirito e, nello stesso tempo, esperienza che scaturisce dall'esistenza spirituale, nonché il suo oggetto e contenuto.

Di conseguenza la parola "spiritualità" significa il modo particolare con il quale ogni battezzato vive il suo rapporto con Dio misericordioso per mezzo di Gesù Cristo, nel dono dello Spirito Santo; e tutto questo nella reale situazione in cui egli è posto dentro la comunità ecclesiale e la famiglia umana, dove opera, secondo la sua specifica vocazione, per la diffusione del regno di Dio e al servizio degli altri uomini, mettendo a loro disposizione le sue doti di natura e di grazia. Il termine «spiritualità indica pertanto l'autentica esistenza cristiana, la cui guida è lo Spirito Santo e la genuina esperienza o il genuino vissuto dell'uomo spirituale, inteso sia in generale sia nelle diverse modalità».[23] In un brano del *Diario* più significativo sulla spiritualità, leggiamo:

> «L'anima viene purificata da Dio stesso. Dio come puro Spirito introduce l'anima in una vita puramente spirituale. Iddio stesso aveva preparato quest'anima in precedenza e l'aveva purificata, cioè l'aveva resa idonea ad uno stretto rapporto di intimità con Sé. Secondo un modo spirituale essa ha rapporti di intimità col Signore in un riposo amoroso. Si rivolge a Lui senza l'uso dei sensi. Iddio riempie l'anima con la Sua luce. La sua mente illuminata vede chiaramente e distingue i gradi in questa vita spirituale. Vede quando si univa a Dio in modo imperfetto, quando vi prendevano parte i sensi e lo spirito era unito ai sensi, sebbene già in maniera superiore e speciale, però imperfetta. Vi è un'unione col Signore superiore e più perfetta: è quella intellettuale. Qui l'anima è più riparata dalle illusioni; la sua spiritualità è più profonda e più pura. In una vita, in cui ci sono i sensi, li si è più esposti alle illusioni. L'accortezza sia dell'anima stessa che dei confessori dovrebbe essere maggiore. Vi sono momenti nei quali Iddio introduce l'anima in uno stato puramente spirituale. I sensi si spengono e sono come morti. L'anima è unita a Dio nella maniera più stretta: è immersa nella Divinità. La sua conoscenza è totale e perfetta; non dettagliata, come prima, ma generale e completa. Gioisce per questo» (*Dz* n. 37).

Possiamo dire che dalla collaborazione convinta dell'anima con la grazia e dal dialogo sincero con Cristo, sotto la guida dello Spirito Santo, deriva la comprensione del senso dell'esistenza e la riscoperta della "via della felicità" nella gioia. In una riflessione suor Faustina esprime:

[23] M. DUPUY, *Spiritualité, La notion de Spiritualité*, in *Dictionnaire de Spiritualité ascétique et mystique doctrine et histoire*, vol. XIV, Beauchesne, Paris 1990, pp. 1160-1173.

«Desidero essere una piccola, silenziosa dimora dove Gesù possa riposarsi. Non farò entrare nulla che possa svegliare il mio Diletto. Tratto con le creature per quel tanto che piace al mio Diletto. Il mio cuore si è affezionato al Signore con tutta la potenza dell'amore e non conosco nessun altro amore, poiché la mia anima fin dall'inizio si è immersa nel Signore, come nell'unico suo tesoro. Benché all'esterno abbia molte sofferenze e contrarietà di vario genere, questo tuttavia non abbassa nemmeno per un momento la mia vita interiore, né turba il mio raccoglimento interiore. Non temo il momento dell'abbandono da parte delle creature, poiché, anche se mi abbandonassero tutti, non sarei sola perché il Signore è con me, e anche se il Signore si nascondesse, l'amore Lo ritroverebbe. Per l'amore non ci sono nè porte nè guardie; nemmeno l'oculato Cherubino con la spada dì fuoco riesce a trattenere l'amore. Esso si fa strada attraverso le foreste e le distese infuocate, sotto le tempeste, i fulmini e nelle tenebre e giunge alla sorgente dalla quale è uscito e là rimane per l'eternità. Tutto finisce, ma l'amore non finisce mai» (*Dz* n. 246).

Dalle parole citate di Kowalska si evince che Dio concede il dono dell'umiltà solo a chi risponde alla grazia, dono necessario per raggiungere con amore la perfezione, la vita interiore profonda e la santità, anche attraverso la migliore conoscenza di Lui. Grazie a quel dono, gli "eletti" camminano sempre alla sua presenza, evitando il peccato. Il dono della conoscenza di Dio ha concesso agli apostoli lo Spirito Santo, che è disceso nel Cenacolo. Possiamo dire che Dio non concede tale dono senza la collaborazione degli uomini con la preparazione attraverso la preghiera del cuore costante, la purezza della vita e la meditazione quotidiana della Parola di Dio. In una meditazione leggiamo un sincero e profondo desiderio di santa Faustina:

«O mio Gesù, dammi la saggezza, dammi un'intelligenza grande ed illuminata dalla Tua luce, all'unico scopo di conoscere meglio Te, o Signore, poiché più Ti conosco, più ardentemente Ti amo, unico Oggetto del mio amore. In Te s'immerge la mia anima, in Te si scioglie il mio cuore. Non so amare a metà, ma con tutta la forza della mia anima e con tutto l'ardore del mio cuore. Tu stesso, o Signore, hai acceso il mio amore verso di Te, in Te si è immerso il mio cuore per l'eternità» (*Dz* n. 246).

Dal testo appena riportato si desume la voglia ardente di Kowalska di conoscere il mistero di Dio, motivata dal desiderio di vivere eternamente. L'approccio catafatico a Dio, però, richiede il dono dello "spirito di saggezza". Esso ha il "potere" di rendere la ricerca di chi scruta i segreti di Dio più sicura, più forte, più illuminata, più fiduciosa e sicuramente più coraggiosa. In queste parole troviamo anche un nesso importante tra spiritualità e saggezza, nesso che proviene dall'alto. Infatti, l'idea di suor Faustina è che Dio, nella sua misericordia, si lascia conoscere da chi lo cerca con il cuore sincero, saggio ed educato alla vita buona del vangelo e da chi conserva l'integrità della spiritualità in Cristo.

La spiritualità è anche «la ricerca profonda dell'Assoluto, che attraverso la fede ricevuta nel battesimo, assume un carattere personale ed esperienziale»[24]. In un'altra riflessione di Kowalska leggiamo:

> «Amore eterno, fiamma pura, ardi incessantemente nel mio cuore e divinizza tutto il mio essere in forza della Tua eterna predilezione, per la quale mi hai dato l'esistenza, chiamandomi a partecipare alla Tua eterna felicità. O Signore misericordioso, mi hai colmata di questi doni unicamente per la Tua Misericordia. Vedendo che tutto quello che ho mi è stato dato gratuitamente, nell'umiltà più profonda adoro la Tua bontà inconcepibile. Signore, lo stupore mi inonda il cuore al pensiero che Tu, Signore Assoluto, non hai bisogno di nessuno e tuttavia per puro amore Ti abbassi a questo modo fino a noi. Non finisco mai di stupirmi quando il Signore entra in rapporti di intimità così stretta con una sua creatura; anche qui è evidente la Sua insondabile bontà. Incomincio sempre questa meditazione e non riesco mai a terminarla, poiché il mio spirito s'immerge totalmente in Lui. Che delizia amare con tutte le forze della propria anima ed essere a sua volta amata ancora di più, sentire tutto questo e viverlo nella piena consapevolezza del proprio essere! Non ci sono parole per esprimerlo» (*Dz* n. 374).

Nella ricerca personale dell'Assoluto, la spiritualità concepita come vita nello Spirito, diventa fondamentale, favorevole al dialogo e alla relazione tra Dio e l'uomo. È evidente come per suor Faustina sia importane rinnegare il mondo e cercare l'Amore eterno e la partecipazione alla felicità eterna.

[24] Cf. L. BOUYER, *Introduction à la vie spirituelle. Précis de théologie ascétique et mystique*, Desclée Cie, Paris 1960, pp. 22-25.

2.2.1 *L'IMMAGINE DI GESÙ MISERICORDIOSO*

Il 22 febbraio 1931, mentre suor Faustina stava nella sua cella, ebbe una visione di Gesù vestito di bianco, che teneva una mano alzata per benedire, e l'altra sul petto, da cui uscivano due grandi raggi, uno rosso e l'altro bianco. Nel *Diario* leggiamo:

> «La sera, stando nella mia cameretta, vidi il Signore Gesù vestito di una veste bianca: una mano alzata per benedire, mentre l'altra toccava sul petto la veste che, ivi leggermente scostata, lasciava uscire due grandi raggi, rosso l'uno e l'altro pallido. Dopo un istante, Gesù mi disse: Dipingi un'immagine secondo il modello che vedi, con sotto scritto: Gesù, confido in Te! Desidero che questa immagine venga venerata prima nella vostra cappella, e poi nel mondo intero» (*Dz* n. 13).

Kowalska, parlando delle rivelazioni del Salvatore al direttore spirituale, gli presentò alcune richieste, fra cui quella di dipingere un'immagine del Salvatore Misericordioso e quella di far sì che venisse istituita la Festa della Divina Misericordia, la prima domenica dopo Pasqua. Sopoćko chiese al pittore Eugeniusz Kazimirowski di dipingere l'immagine. Per alcuni mesi, nel 1934, suor Faustina insieme al suo confessore si recava dal pittore che dipingeva il quadro secondo le sue indicazioni e osservazioni.[25] Il sacerdote in una relazione scrisse così: «L'immagine è eseguita in un modo artistico e costituisce un patrimonio prezioso dell'arte religiosa moderna».[26] Anche se l'aspetto del Salvatore rappresentato nell'immagine non era, secondo il parere di suor Faustina, bello come nelle visioni, Cristo le aveva detto che questa immagine era sufficiente per trasmettere la grazia della misericordia. Il sacerdote, prima di mostrare pubblicamente l'immagine che fu dipinta e prima di parlare della divina misericordia, si dedicò alla ricerca e alla valutazione critica, secondo l'insegnamento della Chiesa, delle esperienze interiori e del contenuto delle visioni di suor Faustina. L'immagine fu provvisoriamente collocata nel corridoio del convento

---

[25] Cf. H. CIERESZKO, *Życie i działalność Księdza Michała Sopoćki (1888-1975)*, pp. 253-254.

[26] M. SOPOĆKO, *Wspomnienia o zmarłej siostrze Faustynie Kowalskiej*, p. 7 [traduzione nostra dall'originale polacco]. Protocollo della Commissione riguardo alla valutazione e alla conservazione dell'immagine del Salvatore Misericordioso nella chiesa di san Michele a Vilnius, del 27 maggio 1941, firmato dai periti, professore della storia dell'arte dott. Marian Morelowski, professore della dogmatica don Leon Puchaty e conservatore don dott. Piotr Śledziewski.

delle suore bernardine e nessuno ne conosceva la provenienza.[27] Suor Faustina gli disse allora che il Salvatore non era contento e che chiedeva di collocare l'immagine a "Ostra Brama", almeno durante la settimana dopo Pasqua. Sopoćko soddisfece questa richiesta. Con il permesso del parroco, collocò l'immagine in una finestra del colonnato della cappella e la domenica indicata tenne un'omelia sulla divina misericordia.[28]

L'immagine di Gesù misericordioso fu esposta per la prima volta alla venerazione dei fedeli a Wilno, nell'aprile del 1935, in occasione della chiusura del *Giubileo della Redenzione*. L'immagine contiene un preciso significato teologico e uno specifico valore simbolico. La spiegazione di esso possiamo trovare nel *Diario*:

> «Una volta che il confessore mi ordinò di chiedere a Gesù che cosa significano i due raggi, risposi: *Va bene, lo domanderò al Signore*. Mentre pregavo, udii interiormente queste parole: I due raggi rappresentano il Sangue e l'Acqua. Il raggio pallido rappresenta l'Acqua che giustifica le anime; il raggio rosso rappresenta il Sangue che è la vita delle anime. Entrambi i raggi uscirono dall'intimo della mia misericordia, quando sulla croce il mio cuore venne squarciato con la lancia. Tali raggi riparano le anime dallo sdegno del Padre mio. Beato colui che vivrà alla loro ombra, poiché non lo colpirà la giusta mano di Dio» (*Dz* n. 84).

L'immagine, dunque, rappresenta il Cristo risorto con i segni della crocifissione nelle mani e nei piedi, mentre è nell'atto di benedire o assolvere. I due raggi luminosi che scaturiscono dal suo Cuore trafitto, non visibili nel quadro, raffigurano i sacramenti della Chiesa: il Battesimo e la Penitenza da una parte; e l'Eucaristia dall'altra. La misericordia di Dio, manifestata in pienezza sulla croce, continua ad operare per la salvezza dell'uomo attraverso l'azione sacramentale della Chiesa. Da qui scaturisce il significato delle promesse legate alla venerazione praticata verso questa immagine: grandi progressi sulla via della perfezione cristiana, la grazia della morte santa e della salvezza eterna, nonché tutte le altre grazie e i benefici terreni richiesti con fiducia dagli uomini.

---

[27] Cf. H. CIERESZKO, *Ksiądz Michał Sopoćko Apostoł Miłosierdzia Bożego* [*Don Michele Sopoćko Apostolo della Divina Misericordia*], WAM, Kraków 2004, p. 215.
[28] Cf. *ibidem*.

> «Porgo agli uomini il recipiente col quale debbono venire ad attingere le grazie alla sorgente della misericordia. Il recipiente è questa immagine con la scritta: *Gesù, confido in Te!* Prometto che l'anima che venererà questa immagine non perirà. Prometto pure già su questa terra, ma in particolare nell'ora della morte, la vittoria sui nemici. Io stesso la difenderò. Attraverso questa immagine concederò molte grazie alle anime; perciò ogni anima deve poter accedere ad essa» (*Dz* n. 13).

Durante la prima esposizione del quadro a Wilno, suor Faustina, assistendo alla celebrazione, poté constatare la veridicità di queste promesse:

> «Nel corso delle solennità durante le quali venne esposta l'immagine, sono stata presente alla predica tenuta dal mio confessore. Essa trattava della misericordia di Dio (...). Quando cominciò a parlare, l'immagine prese un aspetto vivo e i raggi penetrarono nei cuori della gente riunita; però non in uguale misura: alcuni ricevettero di più, altri di meno. Vedendo la grazia di Dio, la mia anima fu inondata da una grande gioia» (*Dz* n. 113).

Il quadro, dunque, è un richiamo visibile del mistero della misericordia di Dio che non viene mai meno, neppure davanti ai più grandi crimini, e che insegue tenacemente i singoli e l'intera umanità. Nel *Diario* leggiamo:

> «Scrivi - Io sono tre volte santo e ho orrore del più piccolo peccato. Non posso amare un'anima macchiata dal peccato; ma se questa si pente, la mia generosità non ha limiti verso di lei: la mia misericordia l'abbraccia e la perdona. Con la mia misericordia inseguo i peccatori su tutte le loro strade e il mio cuore gioisce quando ritornano a me. Dimentico le amarezze con le quali mi hanno abbeverato e sono lieto per il loro ritorno. Di' ai peccatori che nessuno sfuggirà dalle mie mani: se fuggono davanti al mio cuore misericordioso, cadranno nelle mani della mia giustizia. Di' ai peccatori che li attendo sempre. Scrivi che parlo loro con i rimorsi della coscienza, con gli insuccessi e le sofferenze, con le tempeste e i fulmini; e parlo loro con la voce della Chiesa. Ma se rendono vane tutte le mie grazie, comincio ad adirarmi, abbandonandoli a se stessi. Scrivi che sono più generoso con i peccatori che con i giusti. Per loro infatti sono sceso in terra, e per loro ho versato il mio sangue. Non abbiano timore di avvicinarsi a me, perché sono essi che hanno maggiormente bisogno della mia misericordia (…). Non c'è miseria che possa misurarsi con la mia misericordia; né la miseria la esaurisce, poiché nel mo-

mento stesso che si dona, essa aumenta. Scrivi che quanto più grande è la miseria, tanto maggiore è il diritto che (il peccatore) ha alla mia misericordia (...). Esorta tutte le anime alla fiducia (...), poiché desidero salvarle tutte» (*Dz* n. 417).

2.2.2 *La festa della Divina Misericordia*

Teniamo ben presente che la Festa della Divina Misericordia, strettamente collegata alla confessione e all'Eucaristia, è come una risposta all'infinito ed immenso amore di Dio che suscita nell'uomo venerazione e gratitudine. Nel corso di «tutto l'anno, la misericordia di Dio è celebrata dalla Chiesa nelle azioni liturgiche. La misericordia si estende su tutto ciò che Dio fa per gli uomini».[29] Essa non conosce né i tempi, né i posti nei quali si fa presente. Il direttore spirituale di suor Faustina, mostrò nella sua ecclesiologia che Dio, realizzando la storia della salvezza, ne fece scaturire «l'economia e la pedagogia della salvezza, perché l'uomo potesse parteciparvi in modo consapevole e libero».[30]

Secondo un'osservazione rilevante di Sopoćko, la Chiesa, attraverso tutto l'anno liturgico, compie un'efficace funzione pedagogica, con cui manifesta l'economia salvifica basata sull'amore misericordioso di Dio. Per questo, possiamo dire che tutto deriva dalla misericordia e in tutto essa si manifesta. «Nella misericordia troviamo anche il segno specifico e, cioè, la volontà di Dio. Infatti, Egli chiede all'uomo l'accoglienza e la collaborazione con la sua volontà».[31]

Nel corso dell'anno liturgico, la Chiesa celebra "tutto il mistero di Cristo", dall'Incarnazione fino all'Ascensione, dal giorno di Pentecoste e all'attesa della speranza del ritorno del Signore. La Chiesa, ricordando i misteri della Redenzione, apre ai fedeli la ricchezza delle azioni salvifiche e dei meriti del suo Signore, li rende visibili nel tempo ed efficaci per chi li riceve. Li partecipa appunto nella liturgia che,

---

[29] M. Sopoćko, *Duch liturgii Niedzieli II Wielkanocy* [*Lo spirito della liturgia della II domenica dopo Pasqua*], in "Duszpasterz Polski Zagranic" 2(1971), p. 37.
[30] M. Sopoćko, *Miłosierdzie Boże i ludzkie* [*La misericordia di Dio e degli uomini*], in "Homo Dei" 20(1951), pp. 375-383; Id., *Duch liturgii II Niedzieli Wielkanocy - Powołanie człowieka* [*Lo spirito della liturgia della II domenica dopo Pasqua - La vocazione dell'uomo*], vol. II, s.e., Warszwa 1972, pp. 377-392.
[31] *Ibid.*, p. 396.

consapevolmente, diviene ripiena della grazia della salvezza (cf. *SC* 102). La ricchezza della Pasqua del Signore si manifesta, si comunica, è personalizzata in ogni uomo, mediante l'insieme dei linguaggi rituali. La comunità cristiana, pertanto è chiamata ad entrare nella semplicità dei linguaggi sacramentali per "cantare il dono dell'ineffabile esperienza della misericordia di Dio".[32]

Tanto è vero che don Michele Sopoćko, cercando di entrare nella ricchezza della Pasqua del Signore, trovò nel *Diario* di Faustina Kowalska due motivi validi per la "festa liturgica della misericordia": il "riparo" e il "rifugio" delle anime. Secondo tale ottica, possiamo riportare una spiegazione ben dettagliata delle promesse legate ad essa:

> «Desidero che la festa della misericordia sia di riparo e di rifugio per tutte le anime, specialmente per i poveri peccatori. In quel giorno (...) riverserò tutto un mare di grazie sulle anime che si avvicinano alla sorgente della mia misericordia. L'anima che si accosta alla Confessione e alla santa Comunione riceverà il perdono totale delle colpe e delle pene. In quel giorno sono aperti tutti i canali attraverso i quali scorrono le grazie divine: nessuna anima abbia paura di accostarsi a me, anche se i suoi peccati fossero come scarlatto (...). L'umanità non troverà pace finché non si rivolgerà alla sorgente della mia misericordia» (*Dz* n. 178).

Effettivamente questa pace, così desiderata e ricercata da tutta l'umanità, dipende dalla sorgente della misericordia del Signore, il Re della Pace. Vale la pena evidenziare che le promesse, in modo particolare, corrispondono al "giorno" della celebrazione della Divina Misericordia.[33]

Sopoćko fu convinto che la festa della Divina Misericordia possieda una grande importanza per tutta l'umanità. La festa è la forma per esprimere nel modo più completo il ministero della riconciliazione voluto da Gesù risorto stesso, come nel

---

[32] A. DONGHI, *Gesti Parole nella liturgia*, LEV, Città del Vaticano 2007, p. 9.

[33] Secondo il teologo di Cracovia prof. Ignacy Różycki, studioso del pensiero di suor Faustina Kowalska, la promessa di Gesù si riferisce anche alla diffusione del culto della Divina Misericordia. Infatti nel *Diario* di s. Faustina, leggiamo: «Le anime che diffondono il culto della Mia Misericordia, le proteggo per tutta la vita, come una tenera madre protegge il suo bimbo ancora lattante e nell'ora della morte non sarò per loro un giudice, ma Salvatore misericordioso»: F. KOWALSKA, *Diario*, p. 604. «L'essenza del culto della Divina Misericordia consiste nell'atteggiamento di cristiana fiducia verso Dio e di attiva carità verso il prossimo. Gesù richiede fiducia dalle creature e opere di carità, con azioni, parole e preghiera»: *ibid.*, p. 597. In un altro passo leggiamo ancora: «Devi mostrare misericordia sempre e ovunque verso il prossimo: non puoi esimerti da questo, né rifiutarti, né giustificarti»: *ibid.*, p. 457.

racconto del pomeriggio di Pasqua. Riferisce san Giovanni: «A chi rimetterete i peccati saranno rimessi» (*Gv* 20,23-31). Questo vangelo viene letto tutti gli anni proprio nella seconda domenica di Pasqua.[34]

Nell'anno 2000 i sogni di santa Faustina e beato Michele Sopoćko si sono realizzati. La Congregazione per il Culto Divino ha pubblicato un documento, nel quale indica esplicitamente il titolo della seconda domenica di Pasqua: "Domenica della Divina Misericordia".[35]

Infine, notiamo che il suddetto decreto, riferito alla seconda domenica di Pasqua, contiene in sé "un sano equilibrio" tra "continuare" a celebrare la gloriosa resurrezione di Cristo e "mettere in risalto" il tema della misericordia senza cambiare i testi liturgici del giorno. Potremo dire che l'intestazione del giorno, con un nome aggiunto, non oscura la continuità della celebrazione della Pasqua e della festa della resurrezione di Cristo, anzi pone l'accento che si sta ancora celebrando la festa di Pasqua.[36] Difatti, la celebrazione solenne finisce con il così detto "congedo pasquale" che comprende il doppio alleluia.

---

[34] Cf. M. SOPOĆKO, *Miłosierdzie Boga w dziełach Jego*, vol. II, pp. 201-205; ID., *Godzina święta i Nowenna o Miłosierdziu Bożym nad Światem*, p. 27; ID., *De misericordia Dei*, p. 29; *Kazania o Miłosierdziu Bożym*, KMB, Białystok 2008.

[35] Notiamo che nella nuova edizione del *Messale Romano* dell'anno 2002, la seconda domenica di Pasqua viene chiamata esplicitamente "Domenica della Divina Misericordia". Tutti i testi liturgici e biblici si riferiscono all'infinita ed eterna misericordia di Dio: vedi *Messale Romano*, LEV, Citta del Vaticano 2002. Sottolineiamo che il decreto sulla *Domenica della Divina Misericordia* ha cercato di conformare il culto di Cristo all'interno del tempo liturgico, evitando di ridurre l'importanza essenziale della Pasqua. Infatti, nella *Marialis Cultus* di Paolo VI leggiamo che le devozioni popolari devono conformarsi e non amalgamarsi mai con la celebrazione liturgica. In altre parole, tutti gli esercizi di pietà non si possono mescolare con le azioni liturgiche. Sempre va salvaguardata la precedenza della domenica: cf. PAULUS VI, *Marialis Cultus*, n. 13, in *AAS* 66(1974), pp. 115-116. Giovanni Paolo II, nell'Udienza concessa il giorno 13 giugno 2002 ai Responsabili della Penitenzieria Apostolica, conoscendo bene l'impegno ardente e costante di Sopoćko, ha voluto elargire Indulgenze per la *Domenica della Divina Misericordia*, dicendo: «Si concede l'Indulgenza plenaria alle consuete condizioni (Confessione sacramentale, Comunione eucaristica e preghiera secondo l'intenzione del Sommo Pontefice) al fedele che nella Domenica seconda di Pasqua, ovvero della *Divina Misericordia*, in qualunque chiesa o oratorio, con l'animo totalmente distaccato dall'affetto verso qualunque peccato, anche veniale, partecipi a pratiche di pietà svolte in onore della Divina Misericordia, o almeno reciti, alla presenza del SS.mo Sacramento dell'Eucaristia, pubblicamente esposto o custodito nel tabernacolo, il Padre Nostro e il Credo, con l'aggiunta di una pia invocazione al Signore Gesù Misericordioso: *Gesù Misericordioso, confido in Te*. Si concede l'Indulgenza parziale al fedele che, almeno con cuore contrito, elevi al Signore Gesù Misericordioso una delle pie invocazioni legittimamente approvate (...)»: IOANNES PAULUS II, *Indulgenza plenaria per la domenica della Divina Misericordia* (13-VI-2002), in *AAS* 94 (2002), 635-636.

[36] Cf. *ibid.*, p. 5.

2.2.3 *La Coroncina alla Divina Misericordia*

Nel *Diario* di santa Faustina Kowalska troviamo molta attenzione dedicata alla preghiera della *coroncina*. Diremmo che la "voce dei senza voce" trova spazio già nella preghiera della *Coroncina alla Divina Misericordia*.[37] Infatti, questa preghiera è come un "portavoce" dei cristiani che invocano "l'espiazione dai peccati" per il mondo intero e chiedono esplicitamente di ricondurre tutti al cuore dell'Eterno Padre. Dobbiamo precisare, che nel testo della "Misericordina"[38] leggiamo:

> «Eterno Padre, io Ti offro il Corpo e il Sangue, l'Anima e la Divinità del Tuo dilettissimo Figlio, Nostro Signore Gesù Cristo, in espiazione dei nostri peccati e di quelli del mondo intero» (*Dz* n. 127).

Quando suor Faustina vide il segno dell'ira divina nell'esperienza mistica, cominciò a chiedere all'angelo di temporeggiare ancora, poiché l'umanità sarebbe predisposta a fare penitenza e ritornare a Dio. Mentre, però, Faustina si è trovata al cospetto addirittura della SS. Trinità non ha avuto il coraggio di ripetere la supplica. Kowalska quando sentì nel cuore la forza della grazia di Dio, cominciò a pregare con il testo della *coroncina*, ricevuta da Gesù, durante un'esperienza mistica tra il 13 e il 14 settembre 1935, a Wilno. Mentre lei pregava con la *coroncina*, vide che il castigo divino era stato allontanato dall'umanità intera. Il giorno seguente, nella cappella del convento, Gesù ancora una volta ha insegnato a suor Faustina, con precisione come bisogna recitare la preghiera della *Coroncina alla Divina Misericordia*[39].

---

[37] Sopoćko già nell'opera: *Poznajmy Boga w Jego Miłosierdziu* (1949), ha riportato il testo della *Coroncina alla Divina Misericordia*, sottolineando che questa preghiera è per uso esclusivamente privato. La *Coroncina alla Divina Misericordia* segue lo schema tutto di seguito e ricorda di meditare la dolorosa passione di Gesù: vedi M. Sopoćko, *Poznajmy Boga w Jego Miłosierdziu*, p. 216

[38] Il 17 novembre 2013, "per concretizzare i frutti dell'Anno della Fede", Papa Francesco all'Angelus ha proposto a tutti una medicina di 59 granelli intracordiali. Si tratta di una "medicina spirituale" chiamata "Misericordina" (*Coroncina alla Divina Misericordia*) che alcuni volontari hanno distribuito in Piazza san Pietro. Il Papa ha detto che essa è come un aiuto spirituale per i fedeli e per diffondere nel mondo la fraternità e che fa bene al cuore, all'anima e a tutta la vita: cf. G. Grieco (a cura di), *Gli insegnamenti di Jorge Mario Bergoglio - Papa Francesco sulla famiglia e sulla vita. 1999-2014*, LEV, Città del Vaticano 2014, p. 402.

[39] Cf. F. Kowalska, *Diario*, pp. 192-193.

Sopoćko, meditando sul contenuto della coroncina riferita da Kowalska, spiegò che chi la recita "presenta e nello stesso tempo offre" al Dio Padre "il Corpo e il Sangue del Figlio, l'Anima e la Divinità di Gesù" e cioè la divinità e l'umanità di Cristo. Sopoćko, precisò però, che non si può "offrire" a Dio Padre la stessa natura divina comune al Figlio e allo Spirito Santo. Si può "presentare e offrire", invece, tutta la Persona del Figlio - il Verbo incarnato, poiché Egli stesso «ha dato se stesso per noi quale offerta e sacrificio» (*Ef* 5,2). Chi recita la coroncina si unisce profondamente all'offerta di Gesù Cristo compiuta sul legno della croce "in espiazione dei peccati propri e di quelli del mondo intero". Durante questa preghiera si offre al Padre il Figlio Amatissimo Gesù e dunque si ricorre al «motivo più elevato e forte per essere esauditi dal buon Dio e soprattutto misericordioso»[40].

Nel *Diario* di santa Faustina Kowalska leggiamo: «con la recita della coroncina avvicini a me il genere umano» (*Dz* n. 228). Alla recita della *Coroncina alla Divina Misericordia* troviamo collegata anche la promessa generale: «per la recita di questa coroncina mi piace concedere tutto ciò che mi chiederanno» (*Dz* n. 228). Nello scopo per il quale essa viene recitata, secondo la visione mistica di santa Faustina, Gesù ha posto la condizione dell'efficacia della preghiera: «con la coroncina otterrai tutto, se quello che chiedi è conforme alla mia Misericordia» (*Dz* n. 228). In altre parole, il bene che si chiede deve essere tutto assolutamente conforme alla volontà di Dio. Per questo motivo leggiamo: «con essa otterrai tutto, se quello che chiedi è conforme alla mia volontà» (*Dz* n. 228). Gesù ha promesso chiaramente di concedere grazie eccezionalmente grandi a quelli che reciteranno la *Coroncina alla Divina Misericordia*. Indubbiamente, la volontà di Dio è alta espressione dell'amore misericordioso per ogni uomo. Diremo che tutto ciò che non è conforme con essa, diventa per gli uomini pericoloso, dannoso e minaccioso. Le altre promesse speciali legate alla *Coroncina* riguardano "l'ora della morte":

[40] Cf. M. SOPOĆKO, *Poznajmy Boga w Jego Miłosierdziu*, pp. 9-10; *Godzina święta i Nowenna o Miłosierdzie Boże nad światem* [*L'ora santa e la novena che implora la misericordia di Dio*], in "KUL" 2(1949), pp. 133-137.

«Chiunque la reciterà otterrà tanta misericordia nell'ora della morte (...). Anche se si trattasse del peccatore più incallito, se recita questa coroncina una volta sola, otterrà la grazia della Mia infinita misericordia» (*Dz* n. 229).

Nel brano appena riportato, troviamo due grazie concesse da Gesù secondo il *Diario* di suor Faustina. La prima è la conversione, la seconda, invece, riguarda il momento della morte di una persona nello stato di grazia e nel timore di Dio. Queste grazie possono essere ricevute dagli agonizzanti che pregano fiduciosamente almeno una volta, recitando tutta la *Coroncina*, con umiltà e pentimento per i propri peccati.[41] Per questo, nel *Diario* leggiamo più avanti: «In quell'ora non rifiuterò nulla all'anima che mi prega per la Mia Passione» (*Dz* n. 304).[42]

Il valore della coroncina, recitata in comunione con tutta la Chiesa che svolge azione salvifica, sta nell'implorare "la misericordia per chi prega e per il mondo intero". Diremo che questa preghiera di conseguenza diventa anche "un atto di misericordia". Esattamente, già «il pronome *noi* sta a significare la persona che recita la preghiera e coloro per i quali desidera o è obbligata a pregare. Invece *il mondo intero* sono tutte le persone che vivono sulla terra e le anime che soffrono in purgatorio. La formula della coroncina è destinata alla recita comunitaria o individuale, senza differenza, e perciò senza cambiare né le persone dei verbi né aggiungere altre parole. La trasformazione, invece, delle parole *a tutto il mondo* nell'espressione *mondo intero* è corretta, perché in nulla cambia il testo della coroncina ed è più esatta nella lingua polacca».[43]

---

[41] Cf. M. SOPOĆKO, *Ufność a Miłosierdzie Boże* [*La fiducia e la misericordia di Dio*], in "Współczesna Ambona" 7(1952), p. 317.

[42] *Ibid.*, p. 440.

[43] I. RÓŻYCKI, *Nabożeństwo do Bożego Miłosierdzia* [*La devozione alla Divina Misericordia*], Misericordia, Kraków 2008, pp. 23-24.

2.3 *La missione di santa Faustina*

La missione di santa Faustina consiste nel ricordare una verità di fede da sempre conosciuta, ma forse dimenticata, riguardante la misericordia di Dio per l'umanità e nel trasmettere nuove forme di culto alla Divina Misericordia, la cui pratica dovrebbe portare al rinnovamento della vita di fede. Essa è stata descritta nel *Diario* secondo i desideri di Gesù espresse nelle esperienze mistiche di Kowalska Il Signore disse a suor Faustina:

> «Segretaria del Mio mistero più profondo, il tuo compito più profondo è di scrivere tutto ciò che ti faccio conoscere sulla Mia misericordia, per il bene delle anime che leggendo questi scritti proveranno un conforto interiore e saranno incoraggiate ad avvicinarsi a Me» (*Dz* n. 409).

Teniamo presente che nella storia della salvezza (la storia dell'amore misericordioso fra Dio e il popolo basata sull'alleanza) e di fede dell'umanità (tendenzialmente infedele nei confronti di Dio "Amore e Misericordia"), fu lunga la via sulla quale Dio volle essere presentato come Padre della misericordia. Ugualmente lunga fu la via del culto pubblico della Chiesa che venera Dio in questo mistero di cui parlò Gesù a suor Faustina.

Il 17 agosto 2002 il papa Giovanni Paolo II, parlando sull'urgenza del mondo a conoscere misericordia e riassumendo il carattere della missione di santa Faustina, disse:

> «Quanto bisogno della misericordia di Dio ha il mondo di oggi! In tutti i continenti, dal profondo della sofferenza umana, sembra alzarsi l'invocazione della misericordia. Dove dominano l'odio e la sete di vendetta, dove la guerra porta il dolore e la morte degli innocenti, là è necessaria la grazia della misericordia, per placare le menti e i cuori, e per far scaturire la pace. Dove viene meno il rispetto per la vita e la dignità dell'uomo, è necessario l'amore misericordioso di Dio, alla cui luce si manifesta l'inesprimibile valore di ogni essere umano. Abbiamo bisogno della misericordia per far sì che ogni ingiustizia nel mondo trovi il suo termine nello splendore della verità. La missione di suor Faustina ha carattere più profetico che apostolico,

si esprime più nella proclamazione che nell'azione. Non consiste, infatti, in un'attività movimentata o nella fondazione di nuove istituzioni, ma in un timido relazionarsi appena con poche persone e nell'annotare tutto quello che la semplice suora "ha accolto" nelle visioni e "ha conosciuto" nelle esperienze mistiche. La missione della mistica e "l'attività" della missione sono il frutto della contemplazione di Dio e delle sue rivelazioni. Pertanto le esperienze mistiche di Faustina e la sua missione sono indissolubilmente tra loro connesse; si completano a vicenda, però, l'attività apostolica è sempre secondaria rispetto alla frequentazione di Dio. Il culto della Divina Misericordia consiste nella meditazione della infinita bontà di Dio e nelle opere di misericordia verso il prossimo». [44]

In sintesi possiamo dire che la missione di suor Faustina consiste in tre compiti:
- avvicinare e proclamare al mondo la verità rivelata nella Bibbia sulla misericordia di Dio per l'uomo;
- implorare la misericordia di Dio per tutto il mondo, soprattutto per i peccatori, tra l'altro, attraverso la prassi delle nuove forme di culto della Divina Misericordia indicate da Gesù: l'immagine di Cristo con la scritta: Gesù confido in Te, la festa della Divina Misericordia nella prima domenica dopo Pasqua, la coroncina alla Divina Misericordia e la preghiera nell'ora della Misericordia (ore 15:00);[45]
- ispirare un movimento apostolico della Divina Misericordia, con il compito di proclamare e implorare la misericordia di Dio per il mondo e aspirare alla perfezione cristiana sulla via indicata da suor Faustina. Si tratta della via che prescrive un atteggiamento di fiducia filiale in Dio, si esprime nell'adempimento della Sua volontà e nell'atteggiamento misericordioso verso il prossimo.[46]

[44] IOANNES PAULUS II, *Konsacracja Sanktuarium*, in *AAS* 95(2003), 43

[45] A queste due forme del culto e anche alla diffusione della devozione alla Divina Misericordia il Signore allegò grandi promesse. Infatti nel *Diario* leggiamo: «Prometto che l'anima, che venererà quest'immagine, non perirà. Prometto pure già su questa terra, ma in particolare nell'ora della morte, la vittoria sui nemici. Io stesso la difenderò come Mia propria gloria» (*Dz* n. 229).

[46] Oggi questo movimento riunisce nella Chiesa milioni di persone di tutto il mondo: congregazioni religiose, istituti secolari, sacerdoti, confraternite, associazioni, diverse comunità degli apostoli della Divina Misericordia e persone singole che intraprendono i compiti che il Signore ha trasmesso a Suor Faustina.

2.4 *UNA INCREDIBILE CONTINUITÀ NELLA MISSIONE*

Possiamo affermare che le rivelazioni private, anche se sono concesse ad anime elette distanti nel tempo o nello spazio, posseggono sempre connessioni a dir poco sorprendenti, poiché la "regìa" che le determina è unica. Ciò vale anche per la spiritualità e la missione ecclesiale di santa Faustina, in rapporto ad altre due figure mistiche totalmente consacrate all'amore e alla misericordia di Dio, cioè, santa Margherita Maria Alacoque (1647-1690),[47] e Madre Speranza Alhama Valera (1893-1983).[48]

Notiamo che nei confronti di santa Margherita - *l'apostola del Sacro Cuore*, al di là della distanza storica, è possibile riscontrare una evidente analogia nella missione ecclesiale e una evidente continuità nelle rivelazioni ricevute. In merito all'analogia

---

[47]Santa Margherita Maria Alacoque naque il 22 luglio 1647 a Lautecour, nella diocesi di Autun. Il padre, regio notaio, morì giovane lasciando una famiglia numerosa. Margherita ricevette l'abito dell'Ordine delle Visitandine di Paray-le-Monial il 6 novembre 1672. Già agli inizi della sua vita religiosa fu oggetto di sorprendenti fenomeni mistici sotto forma di rivelazioni. La cronaca ne registrò un'ottantina. Poiché la *Regola* delle visitandine fu nettamente contraria a simili fenomeni poiché privilegiava il totale annientamento di sé nella semplicità della vita quotidiana, Margherita fu ritenuta un'eccentrica, cominciò ad essere perseguitata. Finalmente, nel 1686, la comunità accoglie le rivelazioni di Margherita al punto da introdurre nel monastero la nuova forma di devozione al Sacro Cuore di Gesù, oggetto delle rivelazioni a Margherita. Dal 1687 tale devozione cominciò a diffondersi anche fuori del monastero. Nel 1765 la festa del Sacro Cuore fu istituzionalizzata nel calendario, grazie all'approvazione di Papa Clemente XIII (1769). Margherita morì il 16 ottobre 1690 a quarantatre anni, lasciando oltre ad un'autobiografia, 149 *Lettere* e altri scritti minori. Tutto questo materiale fu raccolto in tre volumi: cf. L. GAUTHEY, *Vie et oeuvres de S. Marguerite Marie Alacoque*, Paris 1920, pp. 124-126; R. DE SOLA CHERVIN, *Donne sante*, LEV, Città del Vaticano 1995, pp. 283-284; J. LADAME, *Margherita Maria Alacoque*, Roma 1982, pp. 12-18.

[48] Beata Madre Speranza di Gesù, fondatrice dei Figli e delle Ancelle dell'Amore Misericordioso Madre Speranza, primogenita di nove fratelli, come risulta dai registri parrocchiali, nacque il 29 settembre 1893 in Spagna, a Santomera (Murcia), e fu battezzata nello stesso giorno; sui documenti civili, invece, è riportata la data del 30 settembre, giorno in cui di fatto si festeggiava il compleanno di Madre Speranza Le fu imposto il nome di María Josefa, forse per attenzione alla nonna paterna che portava questo nome. All'età di dodici anni, come raccontò la stessa Madre Speranza, avvenne un episodio che vedeva protagonista santa Teresa del Bambino Gesù e che influì in un modo determinante nella sua spiritualità e diede un indirizzo alla sua vita. Questa la esortò ad impegnarsi per diffondere nel mondo la devozione dell'Amore Misericordioso, come anche lei aveva fatto in tutta la sua vita. Ormai religiosa, probabilmente dalla seconda metà degli anni 20. Madre Speranza collaborò con il Padre Juan Gónzalez Arintero per la devozione all'Amore Misericordioso che si stava diffondendo nel mondo. Per Madre Speranza questa fu un'esperienza vitale, che segnò e diede l'impronta a tutta la sua esistenza e alla sua missione. Ma anche per lei sarà un graduale cammino, al quale il Signore la spronerà perché diventi sempre più trasparenza del suo amore e della sua misericordia, come ella stessa scrisse nel suo diario il 7 febbraio del 1928. Per mantenere l'anonimato anche Madre Speranza firmò i suoi scritti con lo pseudonimo *Sulamitis*. Per il Padre Arintero e Madre Speranza, creature scelte dal Signore per divulgare la devozione e la dottrina dell'Amore Misericordioso, non si trattò certamente di inventare una dottrina nuova, ma di raccogliere la preziosa eredità di tanti altri che, nel corso dei secoli, furono chiamati dal Signore a preparare, per questi nostri tempi, una particolare rivelazione della misericordia di Dio. Emerge da tutto questo un'idea dell'infinito amore di Dio per l'uomo che, nel suo provvidenziale disegno di salvezza, grazie alla generosità di tante creature, nel corso dei secoli, è andato annunciando la manifestazione della sua infinita misericordia: cf. D. CANCIAN, *Considerazioni sulla personalità della Madre Speranza*, A.M., Collevalenza 1997, pp. 3-15.

nella missione, entrambe sono promotrici della devozione verso una particolare immagine sacra e della istituzione di una specifica festa liturgica da celebrarsi con solennità in tutta la Chiesa. Infatti, santa Margherita in onore del Sacratissimo Cuore di Gesù. Santa Faustina Kowalska - *l'apostola della Divina Misericordia*, invece, in onore della Misericordia di Dio. Per quanto riguarda la continuità nella rivelazione privata, entrambe scrutano da vicino il mistero grande e profondo di Dio, che è il riflesso del volto di Gesù. Elle ne contemplano l'infinita grandezza da prospettive distinte e complementari. Tanto è vero che la mistica francese evidenzia l'amore ardente del Signore, simboleggiato dal Cuore di Dio infiammato di Carità e ferito dalle ingratitudini degli uomini. La mistica polacca invece, evidenzia l'infinita Misericordia di Dio, rappresentata dai due raggi che si effondono dal Cuore di Cristo aperto con la lancia, offrendo a tutti la riconciliazione e la vita attraverso l'azione sacramentale della Chiesa.

Nei confronti di Madre Speranza - *l'apostola dell'Amore Misericordioso*, al di là della separazione geografica, è possibile riscontrare una stretta successione cronologica e una stretta connessione teologica. Riguardo alla successione cronologica, suor Faustina e Madre Speranza ricevono le rivelazioni private e fondamentali alla fine dell'anno 1929. La mistica spagnola, nel dicembre del 1929 a Madrid, ammira in visione - *il Crocifisso dell'Amore Misericordioso*. La mistica polacca invece, nel febbraio del 1931 a Płock (Polonia), contempla - *l'immagine di Gesù Misericordioso*.

Alla luce della connessione teologica, entrambe evidenziano la Volontà di Dio di salvare tutta l'umanità, e quindi la prevalenza dell'Amore misericordioso nei confronti della Giustizia. Madre Speranza, davanti al *Crocifisso*, invocò per tutta l'umanità il perdono al cospetto del Padre Celeste. Suor Faustina invece, davanti al *Quadro di Gesù Misericordioso*, offrì a tutti il perdono attraverso il ministero apostolico, in forza della vittoria della Pasqua sul peccato e sulla morte. Potremo dire che, il Cuore dipinto sul *Crocifisso* di Madre Speranza, attesta l'ardente carità del Redentore, il *Quadro* di suor Faustina assicura la riconciliazione e la pace sul mondo intero, donato dal Cristo.

Dunque, le anime mistiche, pur se distanti nel tempo o nello spazio, non sono mai in antitesi tra di loro; al contrario. Di fatto, esse appaiono sempre inserite in un disegno molto più ampio che le abbraccia e le contiene. Davvero, esse sono come "gocce d'acqua" all'interno di una sorta di "onda lunga" che si viene a produrre nell'oceano della storia sotto il soffio potente dello Spirito Santo. Esse sono come "parallele che convergono all'infinito", cioè in Dio. Nel *Diario* di suor Faustina ne troviamo la conferma:

> «Fin dal primo mattino, da quando mi sono svegliata, il mio spirito è sprofondato interamente in Dio, in un oceano d'amore. Sentivo che ero completamente immersa in Lui (*Dz* n. 112). Sento la Sua presenza senza alcuno sforzo dell'anima. Sento che sono unita a Dio così strettamente, come è unita una goccia d'acqua ad un oceano immenso. Questo giovedì ho provato questa grazia verso la fine delle preghiere ed è durata eccezionalmente a lungo, cioè tutto il tempo della santa Messa; pensavo di morire dalla gioia! In quei momenti conosco meglio Dio ed i Suoi attributi e conosco meglio anche me stessa e la mia miseria e stupisco che Iddio si abbassi tanto, fino ad una misera anima come la mia» (*Dz* n. 115).

III. LA MISERICORDIA PROCLAMATA DA GESÙ CRISTO

Indubbiamente conoscere Cristo è il desiderio più profondo, ma anche la necessità fondamentale dell'uomo. La conoscenza di Gesù e la sua misericordia è risolutrice di ogni problema, non solo di quelli spirituali, ma anche di quelli di indole materiale e fisica, perché coincide addirittura con la salvezza dell'uomo. Gesù non si limita a guarire dalla malattia, ma vuole salvare tutto l'uomo attraverso la fede. Per questo leggiamo nel *Diario*:

> «Oh! quale grande felicità proviene alla mia anima dalla conoscenza di Dio, della vita di Dio. Desidero dividere questa felicità con tutti gli uomini, non posso tener chiusa tale felicità solo nel mio cuore, poiché i suoi raggi m'infiammano e mi fanno scoppiare il petto e le viscere. Voglio attraversare il mondo intero e parlare alle anime della grande Misericordia di Dio» (*Dz* n. 131). «O Gesù, amico dei cuori oppressi dalla solitudine, Tu sei il mio rifugio. Tu sei la mia pace. Tu sei l'unica mia salvezza. Tu sei la quiete nei momenti della lotta e nel mare dei dubbi. Tu sei il raggio luminoso che illumina la strada della mia vita. Tu sei tutto per un'anima solitaria. Tu comprendi le anime, anche se non parlano. Tu conosci le nostre debolezze e come un buon medico consoli e curi, riducendo le sofferenze da buon intenditore» (*Dz* n. 74).

Il tema della misericordia proclamata da "Buon Medico delle anime" occupa il posto centrale della predicazione di Gesù. In Lui stesso, come appena abbiamo dimostrato con il brano citato dal *Diario* di suor Faustina, si manifesta e si autocomunica come la misericordia di Dio.

Ciò che ci può sorprendere nel vocabolario del Nuovo Testamento è la ricchezza variegata, per esprimere la salvezza universale in Cristo Gesù. Le espressioni tipo: pietà o compassione, ma ci colpisce particolarmente la parola stessa "misericordia", frequentemente usata. Perciò dobbiamo interrogarci sul suo profondo significato. In ogni termine si cerca di comprendere fino in fondo "il nucleo della verità nascosta", la valenza simbolica e l'essenzialità del significato della parola stessa utilizzata nel testo.[49]

[49] Cf. G. LYDEK, *La misericordia di Dio nella teologia e nella spiritualità del beato Michele Sopoćko*, SIGRAF, Pescara 2016, pp. 242-243.

Per avere la consapevolezza più accurata dell'importanza degli interrogativi, sulla complessità del significato dei termini stessi utilizzati nella Scrittura, occorre che noi prendiamo in considerazione un esempio. I termini come *έλεος* ed *έλεείν* nel Nuovo Testamento indicano un rapporto che Dio vuole intercorra fra uomo e uomo; in alcuni casi, però, έλεος ha l'originario significato veterotestamentario di bontà, alla quale, nella reciprocità delle relazioni umane, ciascuno è tenuto nei confronti dell'altro; quella bontà che, con richiamo ad *Os* 6.6, viene chiesta in *Mt* 9,13;12,7: *έλεος θέλω καί ού θυσίαν*. Come nel giudaismo, anche qui il dovere della misericordia è motivato con il richiamo alla misericordia di Dio; con la differenza che l'*έλεος* divino è precedente a quello dell'uomo.[50] A noi interessa però, prima di tutto *έλεος*, parola che indica il sentimento della compassione di fronte a qualcuno che soffre. Ma il Nuovo Testamento usa anche il termine greco σπλάγχνα (*splànchna*), che in realtà è la traduzione letterale dell'ebraico *rahamim*, i "visceri". Come nell'Antico Testamento anche nel Nuovo, l'accento è posto sulla rivelazione della misericordia di Dio, offerta dalla vita e dalla persona di Cristo. Gesù è per gli uomini il segno di una compassione divina, di un affetto incredibile di Dio per l'intera umanità, di una misericordia che si rivela nella morte in croce di Gesù per la salvezza di tutti gli uomini. Per questo, in un altro brano del *Diario*, possiamo leggere:

> «Le anime periscono, nonostante la Mia dolorosa Passione. Concedo loro l'ultima tavola di salvezza, cioè la festa della Mia Misericordia. Se non adoreranno la Mia Misericordia, periranno per sempre. Segretaria della Mia Misericordia, scrivi, parla alle anime di questa Mia grande Misericordia, poiché è vicino il giorno terribile, il giorno della Mia giustizia» (*Dz* n. 236).

Gesù, con la sua vita e le sue parole, si è fatto portatore dell'annuncio di salvezza, che è frutto della misericordia di Dio per gli uomini, e che diventa principio di misericordia tra fratelli. Infatti:

---

[50] G. KITTEL - G. FRIDRICH (a cura di), *Grande Lessico del Nuovo Testamento*, vol. III, Paideia, Brescia 1967, pp. 413-414.

«Dio ha soccorso Israele suo servo, ricordandosi della sua misericordia» (cf. *Lc* 1,54), «ha concesso misericordia ai nostri padri e si è ricordato della sua santa alleanza» (*Lc* 1,72.78), «ha rinchiuso tutti nella disubbidienza per usare a tutti misericordia» (*Rm* 11,32).

Dio è misericordioso verso l'uomo e questo lo si sperimenta pienamente quando si fa esperienza del perdono. L'uomo, pur sbagliando spesso nei confronti di Dio, senza meriti e spesso meritevole di castighi, può scoprire l'amore misericordioso e profondo di Dio, sempre pronto al perdono. Il suo "per-dono", però, non rimane fermo lì, diventa anche seme perché nel cuore di chi è stato perdonato nasca il "dono della capacità del perdono". Tanto è vero che "nella parabola del servo spietato" leggiamo:

> «Servo malvagio, io ti ho condonato tutto quel debito perché tu mi hai pregato. Non dovevi anche tu aver pietà del tuo compagno, così come io ho avuto pietà di te? Sdegnato, il padrone lo diede in mano agli aguzzini, finché non avesse restituito tutto il dovuto. Così anche il Padre mio celeste farà con voi se non perdonerete di cuore, ciascuno» (*Mt* 18,32).

3.1 *IL CRISTO AL CENTRO DELLA MISERICORDIA*

La riscoperta continua del "per-dono" e di conseguenza del profondo amore misericordioso di Dio è fondamentale per ogni persona che desidera "incontrare il Cristo". L'incontro con Cristo dovrebbe instaurare una relazione e un rapporto stabile. Santa Faustina nel testo del *Diario* dice: «Gesù attrae il mio cuore nel centro infuocato dell'amore» (*Dz* n. 7). Kowalska, interpretando questa frase in seguito, associò l'idea del rapporto tra Dio misericordioso e la creatura al contrassegno di una profonda asimmetria. Per questo motivo, santa Faustina cercò di dimostrare nella suo *Diario* che Gesù Cristo già ha rivelato agli uomini il Padre misericordioso, donando lo Spirito dell'Amore, ha restaurato una "relazione stabile", ha fatto conoscere il mistero della vita divina come la sorgente ed il modello di tutta la realtà, soprattutto quella della misericordia. Perciò, se si vuole parlare di Dio misericordioso, si dovrebbe parlare delle Persone divine che "vivono la misericordia nei confronti delle creature", cioè la misericordia del Padre, la misericordia del Figlio, la misericordia dello Spirito Santo. In realtà, la misericordia, essendo una caratteristica della relazione (l'amore, invece è l'essenza di Dio), non può sussistere con "un solo" individuo. Se una delle Persone fosse da sola, non sarebbe potuta essere misericordiosa, perché la misericordia richiede una relazione; affinché una persona possa provare amore, deve rivolgersi ad un'altra fuori di sé. Per poter esercitare la misericordia, bisogna essere almeno in due, in questo caso Dio e la creatura. Dio, in sé, anche senza la storia del mondo, anche senza la creazione, è sempre misericordia. Per questo leggiamo nel *Diario*:

> «Il terzo attributo è la Misericordia. E compresi che la Misericordia è l'attributo più grande. Esso unisce la creatura al Creatore. L'amore più grande e l'abisso della Misericordia li riconosco nell'Incarnazione del Verbo, nella Redenzione da Lui operata. E da ciò compresi che questo attributo è il più grande in Dio» (*Dz* n. 60).

Indubbiamente Gesù rivela il Dio trinitario che può essere conosciuto nella sua missione messianica. Resta, però, la questione del rapporto della cristologia con la rivelazione del Dio trino. Santa Faustina risponde anche alla questione nel *Diario* dicendo:

> «Vidi in spirito le Tre Persone Divine, ma la loro Essenza è unica. Egli è Solo, Uno, Unico, ma in Tre Persone, ognuna delle quali non è più piccola né più grande; non c'è fra Loro differenza né in bellezza né in santità, poiché sono Uno. Uno, sono assolutamente Uno, il Suo amore mi ha portato a questa conoscenza e mi ha unito a Sé. Quando ero unita con una, ero unita anche con la seconda e con la terza, poiché quando ci uniamo con una, per ciò stesso ci uniamo anche con le altre due Persone, così come lo siamo con una. Una è la Loro volontà, Uno Dio, benché Trino nelle Persone. Quando Una delle Tre Persone si dona ad un'anima, in forza dell'unica volontà, è unita con le Tre Persone ed è inondata di felicità, che proviene dalla Santissima Trinità. Di tale felicità si nutrono i Santi. La felicità che scaturisce dalla SS.ma Trinità rende felice tutto il creato, fa sgorgare la vita, che vivifica ed anima ogni essere che ha inizio da Lui. In quei momenti la mia anima ha provato delizie divine così intense, che mi è difficile esprimere. All'improvviso udii pronunciare delle parole; sono queste: *Voglio prenderti come sposa*» (*Dz* n. 223).

Esattamente, il progetto divino è sempre cristocentrico, ma nello stesso tempo teocentrico. La Chiesa antica già precisava che la natura in Dio non è moltiplicata con le Persone; essa resta unica, così che il credente può proclamare col simbolo *Quicumque* (*Il Simbolo Atanasiano*): "Non tre dèi ma un unico Dio". Infatti, diremo: "tre Persone distinte e un solo Dio". Questa verità è il mistero grande e profondo.[51] Qui potrebbe sorgere una domanda; ma come è possibile? Comprendiamo che in questo dogma non possono esserci contraddizioni. Tanto è vero che la trinità è delle Persone. L'unità, invece è della Natura divina. La difficoltà, però, potrebbe restare nell'interrogativo se le tre Persone possono distinguersi realmente?

Infatti, santa Faustina dice nel *Diario* che il Padre, il Figlio e lo Spirito Santo si distinguono fra loro unicamente per le relazioni che hanno l'Una Persona divina con l'Altra Persona divina. Precisamente per "la relazione del Padre con il Figlio", del "Figlio con il Padre"; del "Padre e del Figlio con lo Spirito", dello "Spirito con il Padre e il Figlio". In questo grande mistero di Dio, Kowalska constatò bene che il Padre è "pura e alta" Paternità, il Figlio è "pura e ugualmente alta" Figliolanza, lo Spirito Santo, invece, è "puro e alto legame di Amore" del Padre e del Figlio. Per questo, diremo che le distinzioni personali non separano e non dividono la medesima e unica Natura divina del Padre, del Figlio e dello Spirito.[52]

Teniamo ben presente che il pensiero di suor Faustina è cristocentrico. Infatti, nel *Diario* leggiamo:

> «Voglio vivere e morire come un'anima santa, fissa in Te, o Gesù disteso sulla croce, come sul modello secondo il quale debbo comportarmi. Ho cercato esempi attorno a me, ma non ne ho trovati di sufficienti ed ho notato che la mia santità sembrava attardarsi. Dal momento attuale però fisso il mio sguardo su di Te, o Cristo, che sei la mia Guida migliore» (*Dz* n. 335).

In questo breve brano, Kowalska coglie l'essenza della fede, cioè l'importanza di mettere Cristo al centro della vita e di ogni azione. La guida migliore è sempre Cristo che conduce gli uomini alla scoperta della verità, grazia, giustizia, amore e pace. Il

---

[51] Cf. L. LADARIA, *Il Dio vivo e vero. Il mistero della Trinità*, Piemme, Casale Monferrato 1999, p. 398.
[52] Cf. G. LYDEK, *La misericordia di Dio nella teologia e nella spiritualità del beato Michele Sopoćko*, SIGRAF, Pescara 2016, pp. 270-273.

Cristo è l'unico che possa salvare l'uomo da ogni pericolo, dal male e possa dare un significato all'esistenza e alla speranza del mondo migliore.

3.2 *LA MISERICORDIA NELL'INCARNAZIONE*

Santa Faustina Kowalska, dedicandosi pienamente allo sviluppo della spiritualità della misericordia, mostra nel *Diario* la capacità sorprendente di "intravedere" il progetto salvifico di Dio che aveva pianificato sin dall'incarnazione del Verbo. Difatti leggiamo:

> «Al di là del trono vidi uno splendore inaccessibile alle creature; vi entra soltanto il Verbo Incarnato, come Mediatore. Quando Gesù penetrò in quello splendore, sentii queste parole: *Scrivi subito quello che ascolti*: *sono il Signore nella Mia Essenza e non conosco imposizioni né bisogni. Se chiamo delle creature alla vita, questo è per l'abisso della Mia Misericordia*» (*Dz* n. 25).

Appunto, il Mediatore possiede un vero corpo umano, ma con una grande differenza rispetto agli uomini: Gesù è senza peccato. La Bibbia dice chiaramente che il Messia venne «in carne simile a carne di peccato» (*Rm* 8,3). L'evento dell'incarnazione per Kowalska è la «Misericordia di Dio, che abbraccia tutto l'universo, Misericordia di Dio, venuta nel mondo nella persona del Verbo Incarnato» (*Dz* n. 233).

Nel mistero dell'incarnazione Dio ha voluto manifestare la misericordia senza limiti per gli uomini. La grandezza della misericordia si manifesta nel fatto che Dio stesso non disprezzò di assumere la natura umana per salvare l'uomo dalla perdizione eterna.[53] Non si può dimenticare che l'evento dell'incarnazione è anche un processo storico. In esso "divenire carne" nella *kenosis*, nella condizione umana mortale e fragile, come "Servo" fino alla croce, segue la trasfigurazione della gloria. Il divenire carne della Parola preesistente ed eterna di Dio si compie sotto il segno dell'uscire dal

[53] Cf. M. SOPOĆKO, *De misericordia Dei*, pp. 11-15.

Padre misericordioso e del venire nel mondo. «Questo processo di discesa, proprio come 'uscita', rivela come missione, anzitutto la processione eterna che sta alla sua origine: e cioè quell'essere del Figlio, per generazione del Padre, che comporta una distinzione interpersonale da Lui. Il Figlio è posto, in questa sua distinzione relazionale, dall'atto di generazione del Padre che lo pone nella sua stessa alterità. Ma d'altro lato, questo 'uscire dal Padre', questa 'venuta di Cristo nel mondo', nella sua incarnazione nella debolezza dell'umanità storica, è vissuto come 'distanza', 'abisso', assumendo risonanze drammatiche, per la solidarizzazione con l'umanità peccatrice. E così diremmo che l'incarnazione, come discesa, è dominata dal nascondimento, dalla *kenosi*, legge che domina tutto il processo di 'rivelazione storica di Dio' misericordioso all'uomo, raggiungendo risonanze abissali di profondità nel compimento e nell'abbandono che culmina nella croce. In questo 'abisso' si rende presente l'amore Trinitario del Padre per il Figlio che risolve in salvezza il dramma dell'infedeltà dell'uomo».[54] Ecco perché santa Faustina scrisse nel *Diario*: «L'anima stessa con la sua infedeltà spezza il vincolo dell'amore» (*Dz* n. 303).

Notiamo però, che «il processo di discesa, per cui il Verbo si umanizza, non riguarda solo il momento puntuale dell'unione personale (ipostatica) con una natura umana individua, realizzato nell'istante indivisibile della sua concezione, ma anche il processo del divenire storico della sua esistenza umana, in cui Egli passa, realmente, attraverso i molteplici e diversi stadi di sviluppo dell'umanità a partire dalla nascita, fino alla sua morte».[55]

«Il Verbo si fece carne e venne ad abitare in mezzo a noi; e noi abbiamo contemplato la sua gloria, gloria come del figlio unigenito che viene dal Padre, pieno di grazia e di verità» (*Gv* 1,1-14). Nell'analisi di questo brano del Vangelo di Giovanni, possiamo affermare che in esso si può riscontrare il mistero centrale della nostra fede e anzitutto il modo e la condizione della nostra figliolanza adottiva da parte di Dio. Il Verbo-Parola è il Figlio di Dio, attraverso il quale Dio rivela la bellezza e la saggezza della misericordia nel creato, e anzitutto nell'adozione degli "esseri umani ragionevoli"

[54] M. BORDONI, *La cristologia nell'orizzonte dello Spirito*, Queriniana, Brescia 2003, p. 227.
[55] *Ibidem*.

ai quali permette di diventare i figli adottivi di Dio.[56]

Kowalska si convinse che per causa del peccato l'uomo era diventato nemico di Dio, ma Lui al posto di rifiutarlo, l'ha reso partecipe del suo stato divino, l'ha elevato a suo coerede, l'ha adottato rivelando infinita bontà e misericordia. L'adozione a figli di Dio non è una condizione inferiore, ma quella filiale. Infatti, l'apostolo Paolo dice: «Quelli che sono ispirati e agiscono secondo lo Spirito di Dio, sono figli di Dio» (*Rm* 8,14). Come lo Spirito si comunica a Cristo con l'unione ipostatica, agli uomini si comunica attraverso la grazia santificante, che abbellisce, spinge e dirige tutte le loro attività vitali e le trasforma in attività di figli di Dio. Dunque si diventa figli di Dio non per qualche dono creato, ma per il possesso dello Spirito divino, che vivifica e dirige le anime (cf. *Rm* 8,14-15 -17; *Ap* 21,4).[57] Tanto è vero che nel *Diario* leggiamo:

> «Anima cara, non aver paura di nulla, chiunque tu sia; quanto più grande è il peccatore, tanto maggiore è il diritto che ha alla Tua Misericordia, o Signore. O bontà incomprensibile, Iddio per primo si abbassa verso il peccatore. O Gesù, desidero esaltare la Tua Misericordia per migliaia di anime. So bene, o Gesù mio, che debbo parlare alle anime della Tua bontà, della Tua inesprimibile Misericordia» (*Dz* n. 156).

Il motivo primordiale, per cui Gesù venne nel mondo, fu il "grande desiderio di Dio", dettato dalla misericordia, di salvare gli uomini. Da quando il "Dio misericordioso incarnato", per opera dello Spirito Santo, prese l'iniziativa di redimere tutti gli uomini, per liberarli dalle catene di Satana, ha anche fornito la sua santa natura a coloro che credono e sono salvati. Infatti, in san Paolo leggiamo:

> «Poiché dunque i figli hanno in comune sangue e carne, egli pure vi ha similmente partecipato, per distruggere, con la sua morte, colui che aveva il potere sulla morte, cioè il diavolo, e liberare tutti quelli che dal timore della morte erano tenuti schiavi per tutta la loro vita» (*Eb* 2,14,15).

Dio si fece uomo per redimere i peccatori. L'incarnazione fu anche come una

---

[56] Cf. M. Sopoćko, *Encyklopedia kościelna* [*Enciclopedia della chiesa*], vol. III, Słowo, Włocławek 1933, p. 12.
[57] Cf. M. Sopoćko, *Jezus Król Miłosierdzia*, p. 5.

grande sfida a chi aveva il potere sulla morte, e cioè al diavolo. Perciò, suor Faustina aggiunge:

«Ora ho capito che satana odia più che mai la Misericordia; essa è il suo maggior tormento. Ma la parola del Signore si realizzerà. La parola di Dio è viva e le difficoltà non annientano le opere di Dio, ma dimostrano che sono di Dio» (*Dz* n. 192).

Dal brano appena menzionato si desume che la parola di Dio offre il segno della misericordia, affinché gli uomini, possano conoscere le Sue opere. In un altro passo del *Diario* leggiamo ancora:

«(...) la nascita di Gesù Cristo secondo la carne. A queste parole la mia anima fu trapassata dalla luce e dall'amore di Dio e compresi più a fondo il mistero dell'Incarnazione. Quale grande Misericordia divina è racchiusa nel mistero dell'Incarnazione del Figlio di Dio! Oggi il Signore mi ha fatto conoscere la sua ira contro l'umanità, che per i suoi peccati merita che vengano accorciati i suoi giorni. Mi ha fatto conoscere inoltre che l'esistenza del mondo è sostenuta dalle anime elette, cioè gli ordini religiosi. Guai al mondo, se venissero a mancare gli ordini religiosi!» (*Dz* n. 323).

Per questo Cristo ha sofferto per noi, lasciando esempi affinché seguissimo le sue orme (cf. *1 Pt* 2,21).

3.3 *LA MISERICORDIA NELLE PARABOLE DI GESÙ*

Notiamo che l'uso neotestamentario greco di *ἔλεος* è più ampio di quanto suggerisca il termine "misericordia". Precisamente, *ἔλεος* appare molte volte in contesti nei quali significa *hesed* ed è usato in un modo che ricorda lo *hesed*. Gesù fa del suo comportamento verso i peccatori il modello e l'insegnamento di *ἔλεος*; il suo è un atteggiamento di disponibilità a unirsi con loro, diversamente dall'esclusivismo degli scribi, anzi Egli li invita a entrare nel Regno di Dio (cf. *Mt* 9, 13). Con rettitudine e fedeltà, *ἔλεος* è uno dei caratteri più importanti della legge (cf. *Mt* 23,23), ma ancora una volta è contro la rigida interpretazione della legge. Nei passi in esame, *ἔλεος* significa libertà e tolleranza. Gesù, addirittura, fa dell'*ἔλεος* che si dimostra verso il prossimo, la condizione dell'*ἔλεος* che si può attendere da Dio (cf. *Mt* 5,7; 18,33). La profondità dell'amore per il prossimo è la dimostrazione dell'*ἔλεος* (cf. *Lc* 10, 37) e nella parabola del buon samaritano *ἔλεος* significa offerta, assistenza a chi ne ha bisogno. In *Mt* 18,33 *ἔλεος* è la prontezza nel perdonare e in *Mt* 5,7 è, molto probabilmente, da intendere nello stesso senso. Giudizio senza *ἔλεος* si può facilmente rendere con giudizio senza misericordia. *Ὲλεος* invece, è una componente della sapienza celeste; in contrasto con la sapienza terrena, essa consiste nell'atto di fare buone azioni (cf. *Gc* 3,17).[58]

Nella predicazione di Gesù, invece, non lo è. L'insegnamento della misericordia è "il cuore delle parabole di Gesù". La misericordia di Dio diventa un messaggio fondamentale per la vicinanza concreta ai peccatori, ai poveri e agli afflitti. Nel *Diario* di suor Faustina troviamo un ordine di scrivere un messaggio significativo:

> «Mia segretaria, scrivi che sono più generoso con i peccatori che con i giusti. Per loro sono sceso in terra per loro ho versato il Sangue. Non abbiano timore di avvicinarsi a Me, sono essi che hanno maggiormente bisogno della Mia Misericordia» (*Dz* n. 295).

Tanto il volto di Dio è rivoluzionato, che si mostra "solo misericordia". Appunto, l'insegnamento di Gesù Cristo nel Vangelo è sempre un evento che educa alla nuova riscoperta del volto di Dio, legato alla manifestazione della misericordia del Padre. Gesù educa a credere e ad aver fiducia nel Padre misericordioso. Se, invece, è vero che la misericordia può essere solo di Dio, essa diventa anche di Gesù. Nel *Diario* leggiamo:

> «O Gesù, che nel Vangelo Ti paragonasti alla più tenera delle madri, ho fiducia nella Tua Parola, poiché Tu sei la verità e la vita. Gesù, confido in Te contro ogni speranza, contro ogni sentimento, che ho nel mio intimo ed è contrario alla speranza. Fa' di me quello che vuoi; non mi allontanerò

[58] Cf. M. SOPOĆKO, *Poznajmy Boga w Jego Miłosierdziu*, pp. 45-55: *Miłosierdzie Boga w dziełach Jego*, vol. I, pp. 147-151.

da Te, poiché Tu sei la sorgente della mia vita (*Dz* n.7). Credo in Te con tutto il cuore, ho visto tante volte lo splendore del Tuo Volto» (*Dz* n. 380).

Notiamo che per Kowalska, Dio "diventa tenero e visibile" con il "volto misericordioso" solo in Gesù Cristo e mediante Lui. In questo "volto visibile", Gesù particolarmente mette in risalto l'attributo più grande di Dio, cioè la misericordia. Gesù ha conferito a tutta la misericordia della tradizione dell'Antico Testamento un significato definitivo. Egli ha parlato di essa e l'ha spiegata con le parabole e le similitudini. Potremo dire che, in un certo senso, Gesù stesso è la "misericordia personificata". Esattamente, per chi vede e trova la misericordia nella persona di Gesù, Dio diventa veramente visibile.

Gesù, nel rivelare il volto misericordioso di Dio, «esigeva dagli uomini al tempo stesso che si facessero guidare nella loro vita dall'amore e dalla misericordia» (*DM* 3).[59] Costatiamo che «questa esigenza fa parte dell'essenza stessa del messaggio messianico e costituisce il midollo dell'*ethos* evangelico. Il Maestro lo esprime sia per mezzo del comandamento, da lui definito come "il più grande", sia in forma di benedizione, quando nel discorso della montagna proclama» (*DM* 3): «Beati i misericordiosi, perché troveranno misericordia» (*Mt* 5,7). Tanto è vero che quest'esigenza dell'*ethos* evangelico viene ripetuta e richiesta nuovamente da Gesù a suor Faustina:

[59] Consideriamo che anche E. JONE nel *Compendio di teologia morale* ha sviluppato il discorso dell'amore di Dio, dimostrando l'obbligo ragionevole di operare la carità, come un comando necessario per un comportamento cristiano. «L'obbligo di fare atti di amor di Dio esiste, alcune volte, come comandato per necessità di mezzo; più frequentemente è comandato per necessità di precetto. 1 Per necessità di precetto, tutti gli adulti sono obbligati a fare un atto di carità o di amor di Dio, quando non hanno nessun altro mezzo per procurarsi lo stato di grazia. Altri mezzi sono il martirio, il battesimo, il sacramento della penitenza, nei quali basta il dolore soprannaturale di contrizione per conseguire la giustificazione. 2 Per necessità di precetto, si è tenuti a fare un atto di amor di Dio appena si è raggiunto l'uso di ragione; inoltre quando si ha bisogno dello stato di grazia e non lo si può conseguire mediante un sacramento; similmente, quando non si riesce a superare una tentazione in altro modo. Finalmente, si deve esprimerlo frequentemente durante la vita»: E. JONE, *Compendio di teologia morale*, Marietti, Roma 1951, p. 135. La concentrazione del discorso, però, si sposta sulla dimostrazione come bisogna evitare il peccato per non offendere l'amore di Dio, infatti: «Peccati diretti contro l'amor di Dio: si possono commettere con l'omissione dell'atto di carità prescritto e con l'odio contro Dio. Si pecca di odio contro Dio quando si ha avversione a Dio perché Egli avversa il peccato e lo punisce, oppure perché permette sofferenze; inoltre quando si è dominati da inimicizia contro Dio. Gli si augura del male, si desidera che non esista, che non sia onnisciente, e giusto, quando per avversione a Dio si lavora a distruggere ciò che gli procura onore, ad esempio perseguitando e opprimendo la Chiesa»: *ibidem*, p. 137. Dal testo appena citato, emerge la preoccupazione per l'omissione dell'atto di carità già ben inserito nella legge divina e per l'odio in contrasto con l'amore, che è Dio stesso. Lo specifico del discorso morale sta nell'evidenziare la differenza abissale tra il peccato (l'avversario) e Dio (l'onnisciente e il giusto). L'accento non si sposta nel presentare ad esempio la bontà, la misericordia di Dio nei confronti dei peccatori.

«Esigo da te atti di Misericordia, che debbono derivare dall'amore verso di Me. Devi mostrare Misericordia sempre e ovunque verso il prossimo: non puoi esimerti da questo, né rifiutarti né giustificarti. Ti sottopongo tre modi per dimostrare Misericordia verso il prossimo: il primo è l'azione, il secondo è la parola, il terzo la preghiera. In questi tre gradi è racchiusa la pienezza della Misericordia ed è una dimostrazione Figlia Mia, se per tuo mezzo esigo dagli uomini il culto della Mia Misericordia, tu devi essere la prima a distinguerti per la fiducia nella Mia Misericordia. Esigo da te atti di Misericordia, che debbono derivare dall'amore verso di Me. Devi mostrare Misericordia sempre e ovunque verso il prossimo: non puoi esimerti da questo, né rifiutarti né giustificarti» (*Dz* n. 186).

Perciò il misericordioso rimane in "in questi tre gradi", fa il bene spinto solo dalla carità, senza distinguere fra amici e nemici, senza cercare la propria soddisfazione o il proprio interesse. Per essere vero figlio dell'Altissimo si sforza di ricopiare la pienezza della misericordia. Dunque non bisogna amare solo ciò che è amabile, la sua misericordia non è motivata da ciò che riceve in cambio. Non ci possono essere motivi "esterni" per la misericordia, come non ce ne sono per l'amore. Per viverla, bisognerebbe fare il salto di qualità del perdono cristiano. Infatti veramente misericordioso è colui che coltiva sentimenti di pietà nei confronti di chi ha peccato, e gli concede generosamente il perdono.[60] «Non dovevi forse anche tu aver pietà del tuo compagno, così come io ho avuto pietà di te?» (*Mt* 18,33), chiede il padrone al servo spietato, nella parabola evangelica. Tanto che la durezza, di cui il servo dà prova nei confronti del suo collega, fa sì che la compassione e la misericordia del re si cambino in collera e in punizione rigorosa.

Al centro della predicazione di Gesù c'è sempre il tema della misericordia. Gesù, attraverso l'insegnamento "in parabole" e "in similitudini", che esprimono ciò che è essenziale per la vita, chiama tutti ad "essere" e a "comportarsi" da misericordiosi: «come è misericordioso il Padre» (*Lc* 6,36), come il padre del figliol prodigo, fedele alla sua paternità, fedele a quell'amore misericordioso. Sono molti i passi dell'insegnamento di Gesù che rivelano l'importanza della misericordia sotto un

[60] Cf. J. RATZINGER - BENEDETTO XVI, *Gesù di Nazaret*, LEV, Città del Vaticano 2007, pp. 231-237.

aspetto sempre nuovo. Basterebbe avere davanti agli occhi il buon pastore, che va in cerca della pecorella smarrita, oppure la donna che spazza la casa in cerca della dracma perduta. Il Vangelo di Luca è "il Vangelo della misericordia", il quale tratta questo tema peculiare nell'insegnamento di Gesù.

Gesù con il "racconto delle parabole" avvicina tutti alla scoperta che Dio è Padre buono e misericordioso. «Ciò vale in primo luogo per la parabola del buon samaritano (cf. *Lc* 10,25-37) e del figliol prodigo (cf. *Lc* 15,11-32)».[61] Le due parabole «si sono impresse nella memoria dell'umanità e sono diventate addirittura proverbiali».[62] Nella prima parabola, ad esempio, Gesù presenta Dio che dal profondo del suo cuore si prende cura della miseria umana e diventa addirittura "il Buon Samaritano". I samaritani, però, erano disprezzati dagli ebrei come dei semipagani. Gesù utilizza questa parabola come esempio di misericordia concreta e immediata. Proprio un samaritano dice all'albergatore: «prenditi cura e al mio ritorno ti rimborserò» (*Lc* 10,25-37).[63] Per il samaritano, il prossimo sofferente è anche *kairós* di misericordia, luogo di chiamata, appello alla conversione[64]. Tanto è vero che «Gesù racconta la parabola come risposta all'interrogativo: chi è dunque il mio prossimo? La sua risposta è chiara. Non è una qualche persona lontana, ma piuttosto colui per il quale tu diventi prossimo, colui che incontri concretamente e che in quella situazione ha bisogno del tuo aiuto».[65]

Notiamo che Gesù non ha predicato un amore dei lontani, ma un amore dei vicini e che avere misericordia è sentire la miseria altrui come se fosse la propria; non basta perciò rattristarsene, ma è necessario sollevare il misero dalla sua miseria.[66] Per poter esercitare efficacemente la misericordia, è necessario andare oltre le prime impressioni, fare un notevole sforzo per arrivare ad avvertire come nostro il male dell'altro e aiutarlo nella misura necessaria. Possiamo affermare che la vera misericordia si costituisce in

---

[61] *W. Kasper, Misericordia - Concetto fondamentale del vangelo - Chiave della vita cristiana*, p. 106.
[62] *Ibidem.*
[63] *Ibid., pp. 106-107.*
[64] Cf. J. Guillet, *Misericordia e sofferenza*, in "Communio" 10(1981), pp. 24-33.
[65] W. Kasper, *Misericordia - Concetto fondamentale del vangelo - Chiave della vita cristiana*, p. 107.
[66] «Misericors dicitur aliquis quasi habens miserum cor. (...) ex hoc sequitur quod operetur ad depellandam miseriam alterius, sicut miseriam propriam»: *S.Th.*, 1, q.21, a.3.

noi al di là dei "buoni sentimenti", e si sviluppa solo nel profondo della nostra volontà, a livello della carità e della giustizia.

Gli insegnamenti di Gesù nelle parabole e nelle similitudini servono a evidenziare, ad illustrare e ad interpretare bene che significato ha: «siate misericordiosi, come è misericordioso il Padre vostro» (*Lc* 6,36). Solo in Gesù si può trovare il modello "dell'essere perfettamente misericordioso". Effettivamente, in Lui è apparsa definitivamente la misericordia di Dio. Per questo, Gesù essendo "la misericordia in persona" concepisce fino in fondo le fragilità e le debolezze umane. Tanto è vero che Egli stesso, pur essendo senza peccato, fu sottoposto all'esperienza della tentazione come tutti gli uomini (cf. *Eb* 4,15). Gesù, "la manifestazione visibile della misericordia nel mondo", si mette completamente a disposizione degli uomini. Egli, essendo il vero Dio e vero uomo, possiede il "cuore di carne" spalancato per l'umanità peccatrice. Infine, diremo che le parabole e le similitudini sono come "gli strumenti efficaci dell'insegnamento veritiero" necessario per la vita buona del Vangelo, conoscibile anche al di fuori di una logica razionale. Esse presentano l'idea di Dio misericordioso non come chi giudica, ma come chi accoglie e salva pienamente attraverso la porta della misericordia. Infatti, nel *Diario* leggiamo ancora:

> «prima che io venga come Giudice giusto, spalanco la porta della Mia Misericordia. Chi non vuole passare attraverso la porta della Misericordia, deve passare attraverso la porta della Mia giustizia» (*Dz* n. 266).

IV. IL SACRO CUORE DI GESÙ - FONTE DELLA VITA SPIRITUALE E SEDE DELLA MISERICORDIA

Uno dei temi preferiti da Kowalska è il cuore di Cristo, rivelazione della misericordia di Dio e fonte inesauribile della vita spirituale. Possiamo dire che al centro del pensiero spirituale c'è un discorso antropologico-cristologico, che pone il cuore come simbolo profondo dell'Amore divino, nella dimensione spirituale e fisica. Effettivamente, nel *Diario* di santa Faustina, possiamo subito costatarlo:

> «*Figlia Mia, guarda il Mio Cuore misericordioso*. Quando guardai quel Cuore SS.mo uscirono gli stessi raggi che sono nell'immagine, come sangue e acqua e compresi quanto è grande la Misericordia del Signore. E di nuovo Gesù mi disse amabilmente: *Figlia Mia, parla ai Sacerdoti della Mia insondabile Misericordia. Le fiamme della Misericordia Mi bruciano, voglio riversarle sulle anime ma le anime non vogliono credere alla Mia bontà*. All'improvviso Gesù sparì. Ma per tutta la giornata il mio spirito fu immerso nella sensibile presenza di Dio, nonostante il chiasso e le conversazioni, che seguono di solito dopo gli esercizi spirituali» (*Dz* n. 59).

Consideriamo che «il cuore di Gesù simboleggia il centro della Persona di Cristo, è il luogo della sua affettività, della libertà e della coscienza, lo spazio dove Egli si abbandonò al mistero di Dio e della vita, dunque è un chiaro simbolo d'amore».[67] Per molti secoli, come giustamente osservato da Kasper,

> «la devozione al Sacro Cuore di Gesù fu considerata in molti secoli come espressione particolare della fede, nell'amore e nella misericordia di Dio, manifestati in Gesù Cristo; oggi però essa non ci è più tanto famigliare (...). I nuovi accenti posti dal movimento liturgico nella vita di pietà, ma anche le rappresentazioni del Cuore di Gesù del XVIII e XIX secolo, contribuirono a farla passare in secondo piano. Tali rappresentazioni infatti, che mostrano Gesù con il cuore trafitto e spesso circondato da una corona di spine, possono apparire indiscrete, talora pacchiane e di cattivo gusto. Esse, inoltre, talora appaiono teologicamente problematiche, perché si concentrano sul

[67] A. CALLAHAN, *Cuore di Cristo*, in L. BORRIELLO (a cura di), *Nuovo dizionario di spiritualità*, LEV, Città del Vaticano 2003, p. 199.

cuore di Gesù, invece di concepire il cuore come centro e simbolo originario di tutto l'uomo».[68]

Le radici bibliche della devozione stessa si trovano già nella «promessa del profeta Zaccaria (cf. *Zc* 12,10) ripresa dal Vangelo di Giovanni»:[69] «Volgeranno lo sguardo a colui che hanno trafitto» (*Gv* 19,37). Nella «predizione, il cuore trafitto rappresenta tutta l'umanità di Gesù condannata a morte per noi. Nello sguardo rivolto al cuore trafitto, è visibile l'amore di Dio in Lui incarnato e divenuto manifesto».[70] In Kowalska leggiamo queste parole: «Ho continuamente davanti agli occhi il Suo Volto oltraggiato e sfigurato, il Suo Cuore divino trafitto dai nostri peccati» (*Dz* n. 130).

Nel cuore di Gesù, i santi e perfino i poveri, cioè i *miseri* intesi nel senso più ampio del termine, riconoscono che anche Dio ha un cuore (*cor*) per loro. Perciò possiamo dire che il Cuore di Gesù è il simbolo sensibile dell'amore di Dio incarnato[71] in Gesù Cristo (*Logos incarnato*), Egli è misericordioso (*misericors*).

Vale la pena sottolineare che le «radici bibliche si sono sviluppate solo lentamente nella storia della vita di pietà e hanno subito anche dei notevoli cambiamenti. Esse non sono affermazioni puramente edificanti, ma hanno un profondo fondamento dogmatico nella storia di Gesù Cristo della Chiesa antica, vincolante tanto per l'Oriente quanto per l'Occidente. La dottrina ecclesiale, infatti, ha affermato che Gesù Cristo è vero Dio e vero uomo, nella sua unità e identità. In questo senso, la Chiesa parla dell'unica ipostasi, dell'unica persona di Gesù Cristo in due nature».[72] Per questa ragione, al Cuore di Gesù che simboleggia la natura umana di Cristo, «spetta l'adorazione. Nel cuore del Figlio di Dio incarnato batte e soffre il cuore dello stesso Figlio di Dio».[73] Ecco perché Pio XI poté dire che «la devozione al Cuore di Gesù è il compendio di tutta la religione».[74] Nel *Diario* di suor Faustina leggiamo:

---

[68] W. KASPER, *Misericordia - Concetto fondamentale del vangelo*, pp. 173-174; vedi K. RAHNER, *Alcune tesi per una teologia della devozione al Sacro Cuore di Gesù*, in *Saggi di cristologia e di mariologia Paoline*, Roma 1967, pp. 277-316.
[69] *Ibid.*, p. 174.
[70] *Ibidem.*
[71] Precisando, Gesù senza dubbio è *Logos incarnato*, ma Egli è anche l'Amore e Misericordia visibile, perciò perfino san Giovanni Paolo II nell'enciclica *Dives Misericordia* dice che: «Il Cristo pasquale è l'incarnazione definitiva della misericordia, il suo segno vivente: storico-salvifico ed insieme escatologico» (*DM* 8).
[72] DH 259; 431, in W. KASPER, *Misericordia - Concetto fondamentale del vangelo*, p. 175.
[73] *Ibidem.*
[74] PIUS XI, *De communi Expiatione Sacratissimo Cordi Iesu Debita Miserientissimus Redemptor* [5 agosto 1928], in *AAS* 20(1928) 165-178.

«Sgorga dal Tuo Cuore una fonte di pietà. L'Onnipotenza della Tua Misericordia, o Dio» (*Dz* n. 279). Quando faccio la Via Crucis, alla dodicesima stazione provo un profondo turbamento. Li medito sull'Onnipotenza della Divina Misericordia, che è passata attraverso il Cuore di Gesù. Ogni volta che faccio la Via Crucis, chiudo nella ferita aperta del Cuore di Gesù tutta la povera umanità e le singole persone che amo. Da quella sorgente di Misericordia sono usciti i due raggi, cioè il Sangue e l'Acqua; essi con l'immensità delle loro grazie inondano il mondo intero» (*Dz* n. 302).

Tanto è vero che dal fianco di Cristo morto in croce si è formata la Chiesa e così si adempì la Scrittura, dove dice: «Uno dei soldati gli colpì il costato con la lancia e subito ne uscì sangue e acqua» (*Gv* 19, 34). Infatti, per volontà divina, è stato permesso che un soldato romano trafiggesse e aprisse quella "porta d'oro", e cioè il sacro costato da cui uscì "sangue ed acqua". In questa sorgente, Kowalska contempla l'inizio della salvezza umana, bevanda di fonte viva «che zampilla per la vita eterna» (*Gv* 4,14). Potremo dire che questa "sorgente salvifica" è inesorabilmente presente nei sacramenti della Chiesa, si diffonde nei "cuori di carne" che "ardono di amore", per questo tutti gli uomini: «volgeranno lo sguardo a colui che hanno trafitto» (*Gv* 19,37).

Per santa Faustina, l'acqua e il sangue "sgorgati" dal cuore di Gesù sono i due sacramenti fondamentali della Chiesa, il Battesimo e l'Eucaristia, dove si osserva la donazione realizzata pienamente, sino al *consummatum est*: «tutto è compiuto» (*Gv* 19, 30), per amore e misericordia. Figlio di Dio morto sulla croce, con il sacro costato aperto, e cioè il cuore misericordioso trafitto e ferito dall'amore per tutti gli uomini, diventa una risposta ultima alla domanda sul valore e la preziosità delle persone. La vita e la felicità degli uomini valgono tanto e a tal punto che lo stesso Gesù si sacrifica per salvarli, purificarli, liberarli, sollevarli ed elevarli. Per questo Kowalska dice che:

«Ti saluto, misericordiosissimo Cuore di Gesù, Viva sorgente di ogni grazia, Unico rifugio ed asilo per noi. Io ho solo Te come la luce della mia speranza. Ti saluto, Cuore pietosissimo del mio Dio, illimitata e viva sorgente d'amore, Da cui sgorga la vita per i peccatori e sei fonte di ogni dolcezza. Ti saluto, o Ferita aperta nel Sacratissimo Cuore, Dal quale sono usciti i raggi della Misericordia Da cui ci è dato attingere la vita. Unicamente col recipiente della fiducia. Ti saluto, o imperscrutabile» (*Dz* n. 305).

Effettivamente, la piaga del costato diventa come una "porta d'oro" del tempio di Dio, dove tutti gli affaticati, gli oppressi, i malati e i bisognosi trovano lo spazio per ricevere la salute spirituale e l'infinita misericordia. Essa diventa la vera porta d'ingresso per accedere al Paradiso, dove e soltanto si possono godere la vera gioia e il sollievo.

Notiamo che questo simbolo del "tempio di Dio aperto" trova il suo culmine nel Vangelo secondo san Giovanni. Infatti, il dono dello Spirito Santo viene trasmesso da Gesù morto sulla croce, proprio con "il segno visibile dell'acqua" uscente dal sacro costato (cf. *Gv* 5,6-8). Già in Ezechiele, nella visione dell'acqua, che esce dal tempio, percorre la sua via e si getta nel Mar Morto, trasformandosi in un mare di vita (cf. *Ez* 47,1), vediamo il preannuncio del futuro "dono dello Spirito". Esattamente, per l'evangelista, Gesù morto sulla croce è il nuovo e definitivo "tempio di Dio" (cf. *Gv* 2,19). In altre parole diremo ancora, che «l'acqua che esce dal sacro costato diventa la realizzazione della promessa dei fiumi di acqua viva. Infatti, lo Spirito Santo è il fiume di acqua viva, limpida come cristallo, che scaturisce dal trono di Dio e dell'Agnello. Sulle sue sponde fiorisce un albero di vita che, come quello profetizzato da Ezechiele, dà frutti ogni mese e le cui foglie servono da medicina».[75]

4.1 *IL CUORE DIVIONO-UNANO DI GESÙ MISERICORDIOSO*

Nel cuore di Cristo aperto con la lancia, da cui sono usciti i "fiumi d'acqua viva", Dio ha voluto mostrare agli uomini che si era liberamente «spinto fino all'estremo, per sopportare l'incommensurabile sofferenza del mondo».[76] Effettivamente, «per mezzo dell'acqua e del sangue, sgorgati dal cuore»[77] squarciato del Figlio di Dio, tutti

---

[75] R. CANTALAMESSA, *Il canto dello Spirito*, Ancora, Milano 1998, p. 109.
[76] W. KASPER, *Misericordia - Concetto fondamentale del vangelo* p. 178.
[77] *Ibidem.*

i battezzati sono stati «purificati dalle lordure e dalle impurità che si sono accumulate nel mondo»,[78] perciò «nell'Eucaristia possono continuamente placare la sete»[79] dell'anima. Potremo dire che il cuore trafitto di Cristo è il messaggio dell'amore sacrificale del Figlio, che ha dato se stesso per noi (cf. *Gal* 2,20); dello Spirito-Amore che arde nei cuori degli uomini e sussurra gemiti d'amore (cf. *Rm* 8,26-27). Nel cuore di Gesù divino-umano trafitto «vediamo la sede della misericordia, come sorgente di ogni grazia, benedizione e vita spirituale».[80]

In questa "sede della misericordia" nasce "il dono permanente dello Spirito vivificante", il quale entra in azione dopo la gloriosa resurrezione di Cristo. Pertanto, come abbiamo cercato di dimostrare precedentemente, il cuore assume il significato fondamentale dello scenario di trafittura del fianco di Cristo, da cui "i fiumi d'acqua viva" non cesseranno di fluire, per santificare e nutrire tutte le membra della Chiesa.[81] Infatti, nel *Diario* di suor Faustina ne troviamo una conferma: «la sorgente della Mia Misericordia venne spalancata dalla lancia sulla croce per tutte le anime; non ho escluso nessuno» (*Dz* n. 272).

Il sacro cuore di Gesù, «apertamente elargito a partire dall'evento della Croce, è la suprema rivelazione della misericordia, che si effonde penetrando nei cuori dei credenti».[82] Possiamo dire che di fatto, «nella croce, la finitudine della creatura incontra e accetta, nel tempo, l'infinito abisso dell'amore che è Dio. Lui, a sua volta, incontra e accetta nell'eternità la finitudine che è la creatura».[83] Per questo, il dono "del fuoco dell'amore di Dio" in un certo senso "sintonizza" e "armonizza" il cuore della creatura con il cuore spalancato del Crocifisso, rendendo possibile l'inter-comunione dell'amore misericordioso tra il Creatore e le creature.

Nel cuore di Gesù divino-umano, Kowalska contempla la perfezione della carità ardente che diventa una sorgente inesauribile della vita spirituale. Questa sorgente crea un'unica e meravigliosa connaturalità e l'unione tra l'anima dell'uomo e Dio. In forza

---

[78] *Ibidem.*
[79] *Ibid.*, p. 179.
[80] C. GHIDELLI, *L'icona del Sacro Cuore*, Sociale, Monza 2000, pp. 10-11.
[81] Cf. *ibid.*, p. 13.
[82] G. M. ZANGHÍ, *Dio che è Amore-Trinità e vita in Cristo*, Città Nuova, Roma 2004, p. 114.
[83] *Ibidem.*

della carità ardente, che è la vera sorgente di vita spirituale, lo Spirito della sapienza aiuta gli uomini ad aderire al Padre in una contemplazione amorosa e in un amore misericordioso contemplante. Cosicché, in tutta la vita terrena di Gesù, si realizza quell'ordine sapienziale che è l'ideale più alto della perfezione, come egli stesso ha insegnato agli uomini. Per questo, Gesù diventa il modello di tale perfezione prima ancora di esserne il maestro. Ecco perché suor Faustina scrisse nel *Diario*:

> «O Dio misericordioso, che mi permetti ancora di vivere, dammi la forza di iniziare una vita nuova, la vita dello spirito, sulla quale la morte non ha potere. Ed il mio cuore si è rinnovato ed ho iniziato una nuova vita, già qui sulla terra, la vita dell'amor di Dio. Non dimentico però che sono la debolezza in persona, ma non dubito nemmeno per un momento nell'aiuto della Tua grazia, o Dio. Gesù, mi sento singolarmente bene accanto al Tuo Cuore, durante questi esercizi spirituali. Nulla turba la mia profonda pace; con un occhio guardo l'abisso della mia miseria e con l'altro l'abisso della Tua Misericordia» (*Dz* n. 310).

Gesù, offrendo la propria vita per il mondo intero "sull'altare della croce", ha rivelato agli uomini "il gesto estremo dell'amore perfetto", racchiuso nell'immagine più celebre della misericordia, e cioè nel cuore divino-umano. «Il cuore di Gesù, crocifisso e risorto, è la fonte eternamente aperta di inesauribile grazia»,[84] fonte di vita spirituale «da cui ogni uomo può attingere sempre: amore, sapienza spirituale, verità, speranza e soprattutto misericordia».[85]

4.2 *IL CUORE DI GESÙ - L'ESSENZA DEL CRISTIANESIMO*

Suor Faustina Kowalska, quando pensa all'essenza del cristianesimo, medita su due misteri in particolare: sul mistero della Trinità e sul mistero della Pasqua, ponendo un accento particolare sull'idea che essi sono presenti e strettamente connessi sia nel culto del Sacratissimo Cuore di Gesù, sia nel culto della Divina Misericordia. Nel mistero

[84] C. GHIDELLI, *L'icona del Sacro Cuore*, p. 16.
[85] *Ibidem.*

della Trinità, Kowalska contempla la luce dell'amore perfetto, infatti scrisse:

> «In un colloquio mattutino dissi a Gesù: Gesù, non sei per caso un'illusione? Gesù mi rispose: *Il Mio amore non delude nessuno*. Una volta stavo riflettendo sulla SS. Trinità, sull'Essenza di Dio. Volevo assolutamente approfondire e conoscere chi è questo Dio. In un istante il mio spirito venne come rapito in un altro mondo. Vidi un bagliore inaccessibile e in esso come tre sorgenti di luce, che non riuscii a comprendere. E da quella luce uscivano parole sotto forma di fulmini, che si aggiravano attorno al cielo ed alla terra. Non comprendendo nulla di questo, mi rattristai molto. Improvvisamente dal mare di luce inaccessibile usci il nostro amato Salvatore, di una bellezza inconcepibile, con le Piaghe sfavillanti: E da quella luce si udì questa voce: *Qual è Dio nella Sua essenza, nessuno potrà sviscerarlo, né la mente angelica, né umana*. Gesù mi disse: *Prova di conoscere Dio attraverso la meditazione dei Suoi attributi*. Un momento dopo Gesù tracciò con la mano il segno della croce e scomparve» (*Dz* n. 8).

Nel mistero della Pasqua, invece, contempla la misericordia di Dio che viene rappresentata dal Sacro Cuore. Perciò, santa Faustina scrisse:

> «O Sole Divino, vicino ai Tuoi raggi l'anima nota anche i più piccoli granelli di polvere, che a Te non piacciono. O Gesù, Verità Eterna, nostra Vita, invoco e mendico la Tua Misericordia per i poveri peccatori. O Cuore dolcissimo del mio Signore, pieno di compassione e di insondabile Misericordia Ti imploro per i poveri peccatori. O Cuore Santissimo, Sorgente di Misericordia, dal quale scaturiscono raggi di grazie inconcepibili per tutto il genere umano, da Te imploro la luce per i poveri peccatori. O Gesù, ricorda la Tua dolorosa Passione e non permettere che periscano anime redente col Tuo preziosissimo e santissimo Sangue. O Gesù, quando considero il grande prezzo del Tuo Sangue, gioisco per il suo grande valore, dato che una sola goccia sarebbe bastata per tutti i peccatori. Benché il peccato sia un abisso di cattiveria e d'ingratitudine, tuttavia il prezzo pagato per noi è assolutamente incomparabile. Pertanto ogni anima abbia fiducia nella Passione del Signore, speri nella Misericordia. Iddio non nega a nessuno la Sua Misericordia. Il cielo e la terra possono cambiare, ma la Misericordia di Dio non si esaurisce» (*Dz* n. 21).

Possiamo notare che il culto della Divina Misericordia è la logica conseguenza del precedente culto del Sacratissimo Cuore di Gesù con il quale era connesso. Ora si manifesta autonomamente e non s'immedesima con esso, poiché non solo possiede un altro oggetto materiale e formale, ma ha anche uno scopo completamente diverso: si riferisce infatti a tutte e Tre le Persone della Santissima Trinità, e non unicamente alla Seconda, come l'altro culto. Quello attuale corrisponde di più allo stato psicologico dell'uomo d'oggi, il quale ha bisogno di fiducia in Dio e può pregare così: Gesù, confido in Te, e per Te, confido nel Padre e nello Spirito Santo.[86]

Il legame rilevante tra la festa della Divina Misericordia e la Solennità del Sacratissimo Cuore di Gesù è chiaro. Per tale ragione costatiamo una "logica conseguenza" e l'essenziale in ciò che "l'uomo d'oggi" crede, il quale ha bisogno di professare la fede fiduciosa in Tre Persone. Perciò, le due feste si completano vicendevolmente ed evidenziano il Sacro Cuore divino-umano come l'essenza del cristianesimo, e cioè la persona di Cristo al centro della fede.

La fede cristiana però, non consiste nel credere in un Dio astratto, irraggiungibile o lontano, ma nella Persona del Figlio consustanzialmente unita alle altre due: al Padre e allo Spirito Santo.[87] Nel mistero più intimo e più profondo della Trinità, Gesù rivela tutte le parole di vita, l'amore filiale, l'amore fraterno fino alla morte. Nel mistero della croce, Gesù abbraccia amorevolmente tutta l'umanità chiedendo il perdono al Padre. Dopo la morte crudele di Gesù sulla croce, con un ultimo gesto spregevole del colpo con la lancia, gli viene aperto il cuore divino-umano, da cui scaturiscono i fiumi di misericordia.[88]

Notiamo che alcuni passaggi cronologici e sostanziali della Chiesa, nell'approvazione della festa del Sacro Cuore, si meritano di essere riportati per capire meglio l'aspetto storico, l'origine, le ragioni e l'oggetto formale dell'idea. Infatti, già alcuni Padri molte volte hanno parlato dei sacramenti della Chiesa sgorgati dal cuore di Gesù crocifisso, trafitto dalla lancia di un soldato romano.[89] Per esempio

[86] Cf. M. SOPOĆKO, *Miłosierdzie Boga w dziełach Jego*, vol. II, p. 204.

[87] Cf. M. SOPOĆKO, *Ufność a Miłosierdzie Boże*, in "Współczesna Ambona" 7(1952), p. 317; *Miłosierdzie Boga w dziełach Jego*, vol. II, p. 229.

[88] Cf. M. SOPOĆKO, *Miłosierdzie Boga w dziełach Jego*, vol. II, p. 230.

[89] Vale la pena sottolineare che «il soldato, costatando la morte di Gesù, gli risparmio la rottura delle ossa e con la lancia gli colpì il fianco, da cui uscì sangue ed acqua, è riportato solo nel vangelo di Giovanni. Si precisa che il soldato era andato a costatare l'avvenuta morte dei condannati, insieme con altri commilitoni, per due ragioni: secondo la legge giudaica, riportata nel Deuteronomio, se un uomo commesso un delitto degno di morte ed era stato appeso ad un albero, il cadavere non poteva rimanere tutta la notte, ma doveva essere sepolto lo stesso giorno, perché il condannato era una

sant'Anselmo, san Bernardo, san Bonaventura hanno contemplato nel cuore di Gesù il simbolo dell'amore infinito di Dio per gli uomini. Esplorando l'opera di san Giovanni Eudes (1646) e le apparizioni mistiche di santa Margherita Alacoque (1690), esse, però, non costituiscono una base teologica per la devozione al Sacro Cuore. Esse sono state soltanto una buona occasione utilizzata dalla Chiesa, per ritenere e definire l'opportunità di permetterne la devozione. Nei documenti ecclesiali possiamo trovare gli altri fatti molto significativi. Per esempio nell'anno 1765, il papa Clemente XIII diede addirittura il pieno assenso alla richiesta dei vescovi polacchi, che coraggiosamente domandavano l'approvazione per la devozione al Sacro Cuore, non esclusivamente come un simbolo dell'amore di Dio, ma come il cuore divino-umano, cioè "il cuore del vero Dio" e «il cuore di carne del vero uomo».[90] In seguito, nell'anno 1794, il papa Pio VI, nella costituzione *Auctorem fidei*, mentre condanna il Sinodo di Pistoia, spiega in che cosa consiste la devozione al Sacro Cuore approvata dalla Chiesa, dicendo: «in quanto il cuore di Gesù è il cuore della Persona del Verbo, a cui è inseparabilmente unito».[91]

Ricordiamo che la solennità del Sacro Cuore, la quale in un primo tempo non era stata concessa, fu consentita nel 1765 dal papa Clemente XIII, e nell'anno 1856 fu estesa a tutta la Chiesa dal papa Pio IX. Tanto è vero che nella *Positio* della beatificazione di Margherita Alacoque, si trova un riferimento del papa Pio IX al cuore di Gesù fisico, dove dice: «chi sarà tanto duro e ferreo da non muoversi a riamare quel cuore soavissimo e per questo, ferito dalla lancia?»[92] Successivamente, il papa Leone XIII nella *Lettera Apostolica* del 1885, attribuisce al cuore trafitto di Gesù il rifugio, il riposo e il segno della salvezza per gli uomini. Nell'anno 1928, il papa Pio XI, con l'enciclica *Miserentissimus Redemptor*, espone in modo ancora più profondo i motivi e le ragioni della devozione al Sacro Cuore, ponendo l'accento particolare sulla consacrazione, intesa come l'atto d'amore da parte della creatura verso il Creatore,

---

maledizione di Dio e il suo cadavere avrebbe contaminato il paese circostante»: E. POLIDORO, *San Longino - un soldato ai piedi della croce*, Yume, Torino 2015, pp. 26-27.

[90] M. SOPOĆKO, *Miłosierdzie Boga w dziełach Jego*, vol. II, pp. 228-229.

[91] PIUS VI, *Auctorem fidei*, in G. MORONI, *Dizionario di erudizione storico-ecclesiastica*, vol. L-III, Venezia 1851, s.e., pp. 293-295: M. SOPOĆKO, *Miłosierdzie Boga w dziełach Jego*, vol. II, pp. 228-230.

[92] U. BELLOCCHI, *Pio IX 1846-1878*, LEV, Città del Vaticano 1995, p. 45.

sulla riparazione delle bestemmie contro Dio e sull'importanza della ricompensa per la passione di Cristo.[93] Il papa Pio XII, nell'enciclica *Haurietis aquas* del 1956, aggiunge ancora:

> «a buon diritto possiamo scorgere in questo culto, divenuto ormai universale e ogni giorno sempre più praticato, il dono che il Verbo incarnato ha fatto alla Chiesa in questi ultimi secoli della sua travagliata storia».[94]

Notiamo che il papa era particolarmente consapevole della rilevanza e dell'universalità della devozione al Sacro Cuore di Gesù. In questa citazione appena menzionata, viene evidenziato esplicitamente il mistero del Verbo incarnato. Appunto, l'incarnazione del Verbo di Dio si è svelato pienamente nel cuore divino-umano di Gesù, che resta sempre il simbolo dell'amore alto, puro, perfetto e sostanziale per ogni persona. Perciò, diremo che l'oggetto informale della devozione al Sacro Cuore è il *Logos* incarnato, e cioè "il cuore di carne" di Cristo. L'oggetto formale, invece, è la misericordia di Cristo Gesù, e cioè amore misericordioso divino-umano[95].

Vale la pena sottolineare che già nella promessa: «Io vi darò un cuore nuovo, toglierò dalla vostra carne il cuore di pietra e vi darò un cuore di carne» (*Ez* 36, 25) troviamo la garanzia permanente dell'alleanza tra Dio e il suo popolo. Del resto, Gesù stesso ha adempiuto la promessa del dono meraviglioso e fondamentale. Nei Vangeli sinottici, Gesù invita fortemente a evitare il formalismo dei farisei e ad amare Dio con tutto il cuore, ben disposto verso di Lui. La visione di Dio, infatti, sarà riservata ai puri di cuore. San Paolo dice: «se il tuo cuore crede che Dio l'ha resuscitato dai morti, sarà salvo, perché la fede del cuore ottiene la giustizia» (*Rm* 10,9). Per fede, infatti, il cuore è illuminato e Dio abita nei cuori degli uomini. Secondo san Giovanni evangelista, Gesù è il cuore del nuovo Israele, che mette in relazione intima con il Padre, stabilendo fra tutti l'unità:

---

[93] Cf. L. GRYGIEL, *Misericordia Divina per il mondo intero*, p. 400.
[94] PIUS XI, *Mserientissimus Redemptor* [5 agosto 1928], in *AAS* 20(1928) 165-178
[95] Cf. L. GRYGIEL, *Misericordia Divina per il mondo intero*, pp. 401-403.

«Perché tutti siano una sola cosa; come tu, Padre, sei in me e io in te siano anch'essi in noi, perché il mondo creda che tu mi hai mandato. Io in loro e tu in me, affinché siano perfetti nell'unità e il mondo conosca che tu mi hai mandato e che li hai amati come hai amato me» (*Gv* 17, 21-23).

Indubbiamente Cristo è l'unico mediatore tra il Padre e l'umanità, chiamata ad essere una cosa sola con Lui, un'anima sola ed un cuore solo. Nel *Diario* di santa Faustina, inoltre, possiamo leggere un passo che attesta la validità del tema trattato: «Dì all'umanità sofferente, che si stringa al mio cuore misericordioso e Io la colmerò di pace» (*Dz* n. 255). Possiamo dunque affermare che l'umanità sofferente, attraverso questa devozione, riesce a trovare l'essenza del cristianesimo, cioè ad abbracciare la fede in Cristo - *Logos* incarnato, morto per la salvezza del mondo, e risorto dopo il terzo giorno. Il frutto del passaggio dalla morte alla risurrezione è la Chiesa, luogo e spazio della misericordia, la vera pace dell'anima e l'autentica felicità per ogni credente. Quel cuore, che ha tanto amato gli uomini, li ha invitati a riparare l'alleanza con «ὁ θεός ἀγάπη εἰμί» (*1 Gv* 4, 8) e tuttora chiama alla pienezza di vita, di pace e di verità che non delude mai.

V. LA CHIESA - L'OPERA MISERICORDIA DI DIO

Secondo il pensiero di Kowalska il concetto di santità della Chiesa non può essere staccato dalla *Persona Christi.* Infatti;

> «(...) il Signore mi fece conoscere la Sua Santità. Tale Santità è così grande, che davanti a Lui tremano tutte le Potenze e le Virtù. I puri spiriti nascondono il volto e si sprofondano in una incessante adorazione. E l'unica espressione della loro adorazione senza limiti (...). La santità di Dio è distribuita sulla Chiesa e su ogni suo membro, ma non in uguale misura. Ci sono delle anime completamente divinizzate, ma ci sono anche anime che vivono a malapena» (*Dz* n. 59).

Tanto è vero che Cristo senza la Chiesa non si può comprendere, così non si può esaminare nemmeno il mistero della Chiesa, l'unico sacramento di salvezza. Notiamo che per suor Faustina la Chiesa non è soltanto un'istituzione umana, è indissolubilmente unita al Cristo, come il capo al resto del corpo umano. Anche se la debolezza e la fragilità umana fossero vissute al massimo grado, la Chiesa è santa grazie alla santità di Cristo.

Nella Chiesa di fatto, non può sussistere[96] la santità senza i sacramenti e neppure il desiderio della santità senza impegno alla perfezione. Per Kowalska la Chiesa con i sette sacramenti "abbraccia" tutta la vita dell'uomo e santifica tutte "le cime e le pianure" dell'esistenza. L'anima, invece, appesantita dal peccato originale e dalla mancanza di vita in Dio, è rigenerata nel battesimo. Nel *Diario* leggiamo:

> «Mi sembrava di non ricavare alcuno dei benefici che i santi Sacramenti procurano. Mi accostavo ad essi solo per obbedire al confessore e questa cieca obbedienza era per me l'unica via attraverso la quale dovevo procedere e la mia àncora di salvezza. Quando un sacerdote mi spiegò che queste sono prove mandate da Dio e che nello stato in cui sei, non solo non offendi Dio, ma Gli sei molto gradita; questo è un segno che Iddio ti ama immensamente e che ha molta fiducia in te, dato che ti visita con queste prove, queste parole però non mi diedero alcun conforto; mi sembrava anzi che non si riferissero affatto a me (*Dz* n. 23). Ogni volta che guarderò la croce,

---

[96] Con il termine "sussiste" s'indica la piena identità della Chiesa di Cristo-Sposo con la Chiesa cattolica-sposa, ma si riconosce anche che "al di fuori della sua compagine si trovino numerosi elementi di santificazione e di verità".

perdonerò sinceramente. L'unione con le anime l'abbiamo ottenuta nel santo battesimo. La morte rafforza l'amore. Devo essere sempre d'aiuto (*Dz* n. 107)».

L'azione dello Spirito Santo nella Chiesa è universale in tutti i mezzi della grazia, infatti la Chiesa stessa Lo invoca nell'agire con tutti i sacramenti. Nel battesimo Gesù rispose: «In verità, in verità ti dico che se uno non è nato dall'acqua e dallo Spirito, non può entrare nel Regno di Dio» (*Gv* 3,5); nella cresima lo Spirito Santo conferma e rafforza il cresimando nella fede di Cristo; nel sacramento dell'Altare e nel sacramento della penitenza: «detto questo, soffiò su di loro e disse: *Ricevete lo Spirito Santo, a chi perdonerete i peccati, saranno perdonati, a chi li riterrete, saranno ritenuti*» (*Gv* 20, 22-23). Nel sacramento dell'ordine e del matrimonio la Chiesa invoca lo Spirito: *Veni, Sancte Spiritus.* Nello stesso sacramento degli infermi il ministro chiede allo Spirito Santo la guarigione per un malato dall'infermità mediante la grazia. Commentando l'azione dello Spirito Santo "sgorgata" dalle grazie, Kowalska scrive un ringraziamento significativo al Signore:

«Ti sono riconoscente, o Dio, per tutte le grazie Di cui mi colmi continuamente, che m'illuminano, come i raggi del sole, e con le quali mi indichi la strada sicura. Grazie, o Dio, per avermi creata, per avermi chiamata all'esistenza dal nulla, e per avermi impresso il Tuo sigillo divino, facendo ciò unicamente per amore. Grazie, o Dio, per il santo battesimo, che m'ha inserito nella Tua famiglia: è un grande, inconcepibile dono della grazia che ci trasforma l'anima. Grazie, o Signore, per la santa confessione, per questa sorgente di grande, inesauribile Misericordia, per questa fonte inconcepibile di grazie, in cui le anime macchiate dal peccato tornano candide. Ti ringrazio, Gesù, per la santa Comunione nella quale ci doni Te stesso. Sento il Tuo Cuore battere nel mio petto, mentre Tu stesso sviluppi in me la vita divina. Ti ringrazio, o Spirito Santo, per il sacramento della cresima, Che mi fa divenire Tuo cavaliere, dà forza all'anima in ogni momento, e mi protegge dal male. Ti ringrazio, o Dio, per il dono della chiamata al Tuo servizio esclusivo, in cui mi dai la possibilità di amare unicamente Te. È un grande onore per la mia anima. Ti ringrazio, Signore, per i voti perpetui, per questo vincolo di amore puro, per esserti degnato d'unire al mio il Tuo Cuore intemerato, unificandolo col Tuo in un legame d'illibatezza. Ti ringrazio, Signore, per il sacramento dell'unzione, che mi rafforzerà negli ultimi momenti della lotta e m'aiuterà a salvarmi, dando vigore all'anima, sì che possiamo gioire eternamente. Grazie, Signore, per tutte le ispirazioni di cui mi colma la Tua bontà, per queste illuminazioni interiori dell'anima Che è impossibile esprimere, ma che il cuore percepisce. Grazie SS.ma Trinità, per l'enorme quantità di doni, che mi hai elargito durante la vita; la mia riconoscenza ingigantirà allo spuntare dell'eterna aurora, quando per la prima volta canterò le Tue lodi. Nonostante il raccoglimento interiore, conduco una lotta continua col nemico dell'anima. Scopro in continuazione nuove insidie da parte sua e la battaglia infuria di nuovo. Mi tengo in esercizio in tempo di pace e vigilo, affinché il nemico non mi sorprenda impreparata e quando vedo la sua grande rabbia, rimango nella fortezza, cioè nel sacratissimo Cuore di Gesù» (*Dz* n. 298).

Dal brano citato, si desume chiaramente che in suor Faustina il discorso sacramentale della Chiesa è strettamente collegato all'umanità, alla divinità e al sacro Cuore di Cristo, aperto sulla Croce con la lancia. Vale la pena rilevare che lo stesso termine latino *sacramentum* è la traduzione del greco *mysterion*.[97] Il termine significa azione salvifica che Dio opera nella storia, e che manifesta pur lasciandosi inaccessibile.[98] Teniamo presente che il *mysterion*[99] è il piano salvifico di Dio misericordioso in Gesù Cristo (cf. *Rm* 16,25-27; *Ef* 3,1-11; *Col* 1,25-29), che si snoda in tre grandi tappe: prima di Cristo, presente dall'eternità, ma "taciuto" per secoli e generazioni; in Cristo, rivelato e attuato nel dramma della croce; dopo Cristo, annunciato dalla Chiesa ed operante nel mondo fino alla sua pienezza escatologica. Possiamo affermare che la nozione di *mysterion* sia coestensiva a quella di storia della

[97] Si nota che attestato fin dai tragici greci, *mysterion* veniva usato al plurale per designare un tipo di celebrazioni cultuali (abluzioni, pasti, riti di morte e risurrezione) con cui, partecipando alla sorte della divinità, si otteneva la salvezza. Il termine assume un carattere intellettuale con Platone e soprattutto con la gnosi, in cui i *mysteria* sono le rivelazioni segrete finalizzate alla redenzione dell'anima, che vengono comunicate solo ai perfetti. Nei LXX, *mysterion* (che rende l'ebraico "sod" e l'aramaico "raz") compare solo negli scritti più recenti, che risentono dell'influsso della cultura greca (*Sapienza*, *Daniele*) e significa il piano segreto di un re, di un amico, di Dio, ma anche - sembra - il rito d'iniziazione alla comunità santa (circoncisione). In Daniele, effettivamente, il termine assume una colorazione escatologica, indicando la visione anticipata di ciò che nei piani di Dio, fondati sulla sua sapienza, dovrà accadere in futuro. Sulla stessa linea, per l'apocalittica tardo-giudaica, i misteri sono gli avvenimenti degli ultimi tempi: cf. Y. CONGAR, *Un popolo messianico*, Queriniana 1982, pp. 43-50; C. ROCCETTA, *Sacramentaria fondamentale. Dal mysterion al sacramentum*, Dehoniane 1989, pp. 63-70; E. RUFFINI, *Sacramentaria*, in *Nuovo Dizionario di Teologia*, Paoline, Alba 1977, pp. 1353-1375; G. FINKENRATH, *Mistero-μυστέριον*, in *Dizionario dei concetti biblici del Nuovo Testamento*, L. COENEN - L. BEYEREUTHER - H. BIE-TENHARD (edd.), EDB, Bologna 1976, pp. 1023-1028.

[98] Cf. F. COURTH, *I sacramenti - un trattato per lo studio e per la prassi*, R. CARELLI (a cura di), Queriniana, Brescia 1999, p. 40.

[99] Già Pietro Lombardo supera l'impasse teologica, coniando la celebre definizione "sacramentum est invisibilis gratiae visibilis causa" (cf. *Liber Sententiarum*, PL 192, 839). Egli unifica il "signum" con la "res" ricorrendo al principio di causalità. Tale principio diviene inoltre l'elemento distintivo dei sacramenti dagli altri segni, consentendo di rendere pacifica la dottrina del numero settenario. San Tommaso d'Aquino aggiunge elementi nuovi al così precisato concetto di sacramento, ma ha il merito di ricollocarlo nel tutto dell'"historia salutis", recuperando l'ampio significato paolino di "mysterion". Per lui, infatti, il sacramento è "signum rememorativum passionis Christi et divinae gratiae demonstrativum, et futurae gloriae prognosticum": cf. *S. Th.*, III, q. 60, a. 3 c.

salvezza. Con ciò è indicata anche l'estensione della sacramentalità della Chiesa.

Se ipoteticamente ad un certo punto si ammettesse la possibilità di altre economie di salvezza al di fuori di quella cristiana, si potrebbe domandare perché si debbano disturbare con l'evangelizzazione i credenti di altre religioni, visto che seguendo la loro "via", essi possono raggiungere la salvezza.

Per Kowalska è una posizione inaccettabile, perché dimentica che la Chiesa è *sacramentum mundi*, segno e strumento unico della salvezza di tutti gli uomini. Infatti, nel *Diario* leggiamo:

> «L'Onnipotenza della Tua Misericordia, o Dio, può ritrarre dall'errore anche queste anime. Misericordiosissimo Gesù, che sei la bontà stessa, Tu non rifiuti la luce a coloro che Te la chiedono; accogli nella dimora del Tuo pietosissimo Cuore le anime degli eretici e le anime degli scismatici; attirali con la Tua luce all'unità della Chiesa e non lasciarli partire dalla dimora del Tuo pietosissimo Cuore, ma fa' che anch'essi glorifichino la generosità della Tua Misericordia» (*Dz* n. 280).

Se gli uomini non avessero il corpo avrebbero potuto ricevere i beni spirituali senza "il velo dei sensi". Siccome l'anima è unita al corpo, Dio offre dei segni visibili che si chiamano sacramenti. Tutti i sacramenti, come segni visibili, sono degli elementi semplici senza vita, che assumono la forma e la materia. In realtà la misericordia di Dio li rende strumenti efficaci della grazia. Essi, però, hanno l'unico scopo di immedesimare gli uomini al Cristo, tramite la partecipazione alla vita soprannaturale e di trasformarli in Lui.

È opportuno precisare che il termine sacramento ha acquistato progressivamente tre significati[100] tra loro complementari. Il sacramento è un frammento del creato in cui si concentra la storia della salvezza (*signum misericordiae*), il segno della grazia (*signum gratiae*), lo strumento della salvezza (*instrumentum salutis*). Bisogna dire però

[100] Costatiamo che di fronte alla Riforma, che considerava i sacramenti solo come "signa et testimonia" della volontà salvifica di Dio, il Concilio di Trento reagisce ponendo forte l'accento sulla causalità (*ex opere operato*), e lasciando un po' in margine il segno. In epoca moderna, un recupero dell'ampiezza "misterica" dei sacramenti viene fatto dalla scuola di Maria Laach, che ha in Odo Casel il suo principale esponente. I sacramenti, attraverso la riscoperta della categoria patristica di "anàmnesis", sono visti come "celebrazioni-ripresentazioni" dei misteri di Cristo, di cui rendono attuali per ogni generazione i loro effetti salvifici: cf. Y. CONGAR, *Un popolo messianico*, p. 51.

che qualsiasi applicazione della categoria di sacramento, che voglia essere corretta, deve tenere presenti tutti e tre questi significati, pur sottolineandone di volta in volta uno in particolare.[101] Ovviamente, ogni applicazione della nozione di sacramento nella Chiesa dovrà essere di tipo analogico. Infatti, la *Lumen gentium*, al numero 1, dice che la Chiesa è in Cristo *velut sacramentum seu signum et instrumentum*. In seguito precisa che per quel *velut*, non s'intende aggiungere al numero sette un ottavo sacramento, ma applicare la nozione di sacramento alla Chiesa, valorizzando le somiglianze tra Essa e i sacramenti, e inoltre rispettandone le differenze.

In un'affermazione di santa Faustina sul trionfo della Chiesa, riferendosi alla salvezza delle anime, che le stava tanto a cuore, leggiamo:

> «L'offerta del mio cuore arde ininterrottamente davanti alla Tua Maestà, ma in modo così silenzioso, che solo il Tuo occhio, o Dio, la vede, nessun altro occhio è in grado di poterla scorgere. O mio Signore, benché io sia presa da tante cose, benché quest'opera mi stia a cuore, benché desideri il trionfo della Chiesa e la salvezza delle anime, benché mi colpiscano tutte le persecuzioni dei Tuoi fedeli, benché mi faccia soffrire ogni caduta di un'anima, tuttavia al disopra di tutto questo ho nell'anima una pace profonda, che né i trionfi né i desideri né le contrarietà sono in grado di far vacillare, poiché Tu, o Signore e mio Dio, sei per me al di sopra di tutte le cose che puoi permettere che avvengano» (*Dz* n. 312).

Dal testo s'intuisce l'importanza della vera e autentica ricerca di Cristo. Il nuovo orientamento sta per indicare l'importanza dell'estensione sacramentale della Chiesa. Gesù vivendo nella sua Chiesa è diventato il "Salvatore Eterno e Universale" del mondo intero, il quale porta verso la comunione e l'unione perfetta con sé.

Constatiamo che la ragione fondamentale dell'estensione universale della sacramentalità della Chiesa sta nel fatto che il Padre ha costituito Cristo «principio di salvezza per il mondo intero» (*LG* 17), cosicché all'infuori dell'influsso salvifico di Cristo, che si è reso contemporaneo ad ogni uomo attraverso la Chiesa, non è possibile salvarsi. Cristo esercita il suo influsso salvifico, con il massimo della fruttuosità, in chi

---

[101] Cf. M. Sopoćko, *Jezus Król Miłosierdzia*, pp. 216-231; *Miłosierdzie Boga w dziełach Jego*, vol. II, pp. 223-226; *ibid.*, vol. III, pp. 232-263.

è pienamente "incorporato" nella Chiesa. L'incorporazione piena richiede l'inserimento del credente nella comunione spirituale, per mezzo dello Spirito, e nella comunità visibile, attraverso l'accettazione della comune professione di fede, dei sacramenti e della comunione gerarchica (cf. *LG* 14 b). Possiamo dire che il cristiano, se dovesse mancare ad una di queste condizioni, pregiudica in varia misura la sua incorporazione alla Chiesa come "Madre", senza tuttavia porsi al di fuori dell'unico e universale progetto salvifico di Dio in Gesù Cristo. Kowalska ancora sottolinea:

> «O Madre mia, o Chiesa di Dio, tu sei una vera Madre che comprendi i tuoi figli. Oh, quanto fa bene sapere che Gesù ci giudicherà secondo la nostra coscienza e non secondo le chiacchiere ed i giudizi degli uomini. O bontà inconcepibile, ti vedo traboccare di bontà perfino nell'emettere i giudizi. Benché mi senta debole e la natura esiga che mi riposi, sento l'ispirazione della grazia a vincermi ed a scrivere, a scrivere per la consolazione delle anime che amo tanto e con le quali dividerò l'eternità intera. Desidero per loro la vita eterna tanto ardentemente che utilizzo tutti i momenti liberi, anche molto brevi, per scrivere e ciò proprio come vuole Gesù» (*Dz* n. 331).

Il problema, però, si pone in modo più difficile per coloro che non conoscono il vangelo e non sono incorporati alla Chiesa.[102] Il Concilio Vaticano II dice che anch'essi sono "ordinati" al popolo di Dio (cf. *LG* 16). Cristo veramente è morto per tutti e, dunque, può conseguire la salvezza anche chi, "senza sua colpa", ignora il suo vangelo e la sua Chiesa, ma cerca sinceramente Dio e, sotto l'influsso della grazia, si sforza di vivere con rettitudine, secondo i dettami della coscienza. Lo Spirito Santo dona a tutti la possibilità di venire a contatto, nel modo che Dio misericordioso conosce, col mistero pasquale (cf. *CCC* 1260). In un'altra riflessione di suor Faustina, leggiamo:

> «Benché io sappia che la capacità tramite la grazia ci vien data dalla Chiesa, tuttavia c'è un grande tesoro di grazie, che Tu, Signore, concedi a seguito delle nostre preghiere. E se la mia richiesta non Ti piace, Ti prego di non darmi alcun desiderio per tale preghiera. Mi impegno a raggiungere la più grande perfezione per essere utile alla Chiesa. Il mio legame con la Chiesa

[102] Predicando gli esercizi spirituali alla Curia Romana nell'anno giubilare del 2000, il Cardinal Francesco Saverio Van Thuan, alludendo al rito dell'apertura della Porta santa, disse in una meditazione: «Sogno una Chiesa che sia una "Porta Santa", aperta, che accoglie tutti, piena di compassione e di comprensione per le pene e le sofferenze dell'umanità, tutta protesa a consolarla»: F. X. N. VAN THUAN, *Testimoni della speranza*, Città Nuova, Roma 2000, p. 58.

è molto ampio. Sia la santità che la caduta di ogni singola anima si ripercuotono su tutta la Chiesa» (*Dz* n. 332).

La riflessione di Kowalska sul concetto della Chiesa come sacramento è profonda e molto significativa per i nostri tempi. Essa è basata sul dialogo interiore con Gesù - lo Sposo, colui che ama senza una misura la Sua sposa, cioè la chiesa.

5.1 *LA CHIESA - SPOSA DI CRISTO NELLA MISSIONE E NELLA PREDICAZIONE DELLA MISERICORDIA*

Per santa Faustina gli elementi fondamentali per la missione della Chiesa sono: l'amministrazione dei sacramenti, la preghiera, la predicazione, le opere di misericordia spirituali e corporali. Notiamo che in Kowalska viene posta molta attenzione al compito della Chiesa nel predicare "il vangelo della misericordia". In questo compito però, si dovrebbe conservare l'atteggiamento di rispetto, di libertà delle persone (non per costrizione ma per attrazione) e di tenerezza paterna. Infatti, nel *Diario* ne troviamo una spiegazione come bisogna predicare la misericordia:

> «*Annuncia che la Misericordia è il più grande attributo di Dio. Tutte le opere delle Mie mani sono coronate dalla Misericordia.* O Amore Eterno, desidero che Ti conoscano tutte le anime che hai creato. Se potessi diventare sacerdote; parlerei incessantemente della Tua Misericordia alle anime peccatrici, immerse nella disperazione. Se potessi essere un missionario e portare la luce della fede nei paesi selvaggi per farti conoscere alle anime e morire annientata per loro con la morte del martirio, con la quale sei morto Tu, per me e per loro. O Gesù, so inoltre molto bene che posso essere sacerdote, missionario, predicatore; posso fare la morte dei martiri col mio totale annientamento ed il rinnegamento di me stessa per amor Tuo, o Gesù, e delle anime immortali. Un grande amore trasforma le piccole cose in cose grandi e solo l'amore dà valore alle nostre azioni e tanto più il nostro amore diventa puro, tanto meno il fuoco delle sofferenze avrà da distruggere in noi e la sofferenza per noi cesserà di essere sofferenza. Diventerà per noi una delizia. Con la grazia di Dio ora ho ottenuto questa disposizione del cuore, cioè non sono mai tanto felice, come quando soffro per Gesù che amo

con ogni palpito del cuore» (*Dz* n. 84).

Un accento che pone suor Faustina sulla missione della Chiesa, è quello di amministrare i sacramenti come segni efficaci della grazia che sgorga inesauribilmente dalla bontà infinita di Dio. Un altro compito sottolineato è quello di testimoniare la fede in Cristo con le opere di misericordia e con la preghiera incessante. La misericordia si rende necessaria soprattutto nelle situazioni create dai tempi difficili. Per questo scrisse nel *Diario*:

> «In Te, o Signore, quello che ci dà il Tuo Cuore paterno è tutto buono; non preferisco le gioie alle amarezze, né le amarezze alle gioie, ma Ti ringrazio di tutto, o Gesù. La mia delizia consiste nello stare a contemplarti, o Dio incomprensibile. È in un'esistenza misteriosa che si aggira il mio spirito, poiché è là che sento di essere a casa mia. Conosco bene la dimora del mio Sposo. Sento che in me non c'è nemmeno una goccia di sangue che non arda d'amore per Te. Bellezza eterna, chi Ti conosce una sola volta, non può più amare nessun'altra cosa. Sento la voragine insondabile della mia anima, e che niente può colmarla, all'infuori di Dio. Sento che sprofondo in Lui, come un granellino di sabbia in un oceano senza fondo» (*Dz* n. 94).

Il messaggio del Dio misericordioso che è come "un oceano senza fondo", diventa il centro del Vangelo che penetra il cuore di chi lo accoglie. La Chiesa, appunto, non ha la missione di predicare un Dio astratto, vendicativo, iracondo o giudicante, ma piuttosto quella di lodare il Signore con i salmi per la sua infinita misericordia e senza limiti, di «presentarlo come Padre misericordioso e Dio di ogni consolazione (*2 Cor* 1,3), ricco di misericordia (*Ef* 2, 4). La Chiesa ha il compito di raccontare la storia della salvezza del Dio misericordioso a tutti gli uomini, così come è testimoniato nell'Antico e nel Nuovo Testamento, di spiegare, come ha fatto Gesù nelle sue parabole, e di rendere testimonianza al solo Dio, che ha rivelato definitivamente la propria misericordia nella morte e risurrezione di Cristo».[103]

Consideriamo che la "predicazione sacramentale della Chiesa" è stata certamente

[103] W. KASPER, *Misericordia*, p. 237.

quella che ha maggiormente attratto l'interesse del post-Concilio.[104] Essa illumina in modo magistrale il mistero della Chiesa, mettendone in evidenza l'originalità della natura e la singolarità della missione. Tuttavia, dobbiamo ammettere che, per esprimere la natura e la missione della Chiesa, sono possibili altre sintesi, che si possono costruire attorno a questo o a quell'elemento costitutivo della Chiesa.[105]

La predicazione della Chiesa dovrebbe convergere in due direzioni: quella sacramentale-mistica e l'altra etico-ascetica. La prima riguarda i sacramenti che svelano il mistero della salvezza di Cristo e attuano il "tempo della Chiesa", cioè il "tempo della misericordia" e fanno scoprire che la Chiesa, nel suo crescere, si forma come "corpo di Cristo" nella storia. La seconda, invece, stimola i credenti a praticare la verità con amore (cf. *Ef* 4,15), cioè a fare ciò che è giusto, guidati dall'insegnamento della misericordia. In una visione interiore di suor Faustina, ricca di diverse espressioni metaforiche, leggiamo, infatti, che:

> «Verrà un momento nel quale quest'opera, che pure Dio raccomanda tanto, sembrerà in completo sfacelo ed all'improvviso seguirà l'azione di Dio con grande energia, la quale darà testimonianza alla verità. Essa, l'opera, sarà un nuovo splendore per la Chiesa, sebbene esistesse già da molto tempo in essa. Che Dio sia infinitamente misericordioso, nessuno può negarlo. Egli desidera che questo lo sappiano tutti, prima che torni come Giudice; vuole che le anime Lo conoscano prima come Re di Misericordia» (*Dz* n. 104).

Tutta quest'opera sta ad indicare che la Chiesa, nella sua missione, diventa la manifestazione della misericordia e attuazione della potenza salvifica di Dio. Ciò significa che nella Chiesa si fa storicamente visibile e reale la salvezza dell'umanità, come espressione ed effetto della gloria del Signore, e che in essa tutti gli uomini, pellegrini sulla terra, possono trovare la fonte dell'acqua viva e della misericordia di Dio.

---

[104] Cf. G. COLOMBO, *Il Popolo di Dio e il mistero della Chiesa nell'ecclesiologia post-conciliare*, in "TeolMi" 10(1985) pp. 97-169.
[105] Cf. L. SARTORI, *Chiesa*, in *Nuovo Dizionario di Teologia*, Paoline, Alba 1977, pp. 122-148.

5.2 *MADRE DI MISERICORDIA E MODELLO PERFETTO DELLA CHIESA*

Per completare il discorso di santa Faustina sulla Chiesa, è necessario prendere in considerazione anche il tema della misericordia in Maria. Il titolo "Madre di misericordia" è intimamente connesso al ruolo della maternità divina, tanto caro ed importante per il teologo polacco. In esso troviamo un profondo significato teologico, poiché «esprime la particolare preparazione dell'anima di Maria e di tutta la sua personalità. Ella sa vedere, attraverso i complessi avvenimenti di Israele prima, di ogni uomo e dell'umanità intera poi, quella misericordia di cui di *generazione in generazione* si diviene partecipi dell'eterno disegno della SS. ma Trinità» (*DM* n. 9).

Il concetto di misericordia, precedentemente esaminato, è densamente biblico, perciò si riferisce ai "sentimenti" di Dio nella sua realtà di Padre. È la modulazione dell'amore divino nelle sue espressioni di bontà, di compassione, di benevolenza e di clemenza, intesa principalmente come testimonianza della sua fedeltà all'alleanza, il patto perenne di amore con l'uomo, dal Sinai alla *parusia*. Secondo la Bibbia, Dio coniuga l'amore, non con le manifestazioni emotive di tipo antropomorfico, ma con gesti concreti e circostanziali, con interventi salvifici.[106]

L'intervento salvifico di Dio, possiamo affermare, ebbe inizio proprio in Maria di Nazaret, la quale diventa il singolare oggetto e testimone della misericordia. Infatti, «nel cantico del *Magnificat*, lei offre la vera chiave di lettura del significato storico-salvifico della benevolenza di Dio e indica, nel contempo, quale sia l'atteggiamento di risposta da parte della creatura».[107]

Secondo Kowalska, Dio fin da principio, sempre per sua scelta libera, ricolma pienamente Maria di Nazaret e la costituisce «piena di grazia» (*Lc* 1,28). Tanto è vero che la pietà cristiana la chiama "Madre di misericordia". Suor Faustina, invocando Maria, scrisse:

«O Maria, Madre mia, Ti prego umilmente, copri la mia anima col Tuo manto verginale in

---

[106] Cf. H. ESSER, *Misericordia*, in *Dizionario dei concetti biblici del Nuovo Testamento*, L. BEYREUTHER - H. BIETHENHARD (a cura di), EDB, Bologna 1976, pp. 1013-1022.

[107] V. BATTAGLIA - L. LEHMANN - P. MESSA, *La Scuola Francescana e l'Immacolata Concezione*, p. 516.

questo momento così importante della mia vita, in modo che io sia più gradita al Figlio Tuo e possa degnamente esaltare la Sua Misericordia davanti al mondo intero e per tutta l'eternità» (*Dz* n. 67).

Secondo il brano appena menzionato, possiamo dire che in "Maria come Madre", troviamo e contempliamo «un'immagine concreta, anzi un'immagine speculare della misericordia divina e il modello della misericordia umana e cristiana. Maria è il prototipo della Chiesa e quindi anche il tipo della misericordia cristiana».[108] Tanto è vero che nel *Diario* leggiamo:

«O Maria, Vergine Immacolata, prendimi sotto la Tua specialissima protezione e custodiscila purezza della mia anima, del mio cuore e del mio corpo. Tu sei il modello e la stella della mia vita» (*Dz* n. 215).

Nel Nuovo Testamento troviamo soprattutto due testi su cui costruire un fondamento solido per la spiritualità mariana: la scena dell'annunciazione per l'inizio (cf. *Lc* 1,26-38) e quella in cui Maria sta sotto la croce (cf. *Gv* 19,26). Per questa ragione ella continuò a scrivere:

«O Maria, Vergine Immacolata, Puro cristallo per il mio cuore, Tu sei la mia forza, o àncora potente, Tu sei lo scudo e la difesa dei deboli cuori. O Maria, Tu sei pura ed impareggiabile, Vergine e Madre insieme. Tu sei bella come il sole, senza alcuna macchia, Nulla è paragonabile all'immagine della Tua anima. La Tua bellezza ha affascinato il Tre volte Santo, Sceso dal cielo, abbandonando il trono della Sua sede eterna, E prese corpo e sangue dal Tuo cuore, Nascondendosi per nove mesi nel cuore della Vergine. O Madre, o Vergine, nessuno riesce a comprendere che l'immenso Iddio diventa uomo, Solo per amore e per la Sua insondabile Misericordia. Per merito Tuo, o Madre, vivremo con Lui in eterno. O Maria, Vergine Madre e Porta del cielo, Attraverso Te ci è venuta la salvezza, Ogni grazia sgorga per noi dalle Tue mani E solo la Tua fedele imitazione mi farà santa. O Maria, o Vergine, o Giglio più bello, il Tuo Cuore è stato il primo tabernacolo per Gesù sulla terra, Perché la Tua umiltà è stata la più profonda E per questo sei stata innalzata sopra i cori degli angeli e sul santi. O

[108] W. KASPER, *Misericordia - Concetto fondamentale del vangelo*, p. 304.

Maria, dolce Madre mia, Affido a Te l'anima, il corpo ed il mio povero cuore. Sii la Guardiana della mia vita E soprattutto nell'ora della morte, nell'ultima battaglia» (*Dz* n. 53).

Nelle parole del *Magnificat*, infatti, Maria riesce a «sintetizzare tutta la storia della salvezza, descrivendola come storia della misericordia. Dio ha esercitato sempre *di generazione in generazione la sua misericordia* (*Lc* 1,50). Maria, quando diventa la Madre di Dio è il momento in cui la storia entra nella sua fase decisiva e definitiva. In quel momento decisivo, Dio nella sua infinita misericordia opera l'ultimo tentativo di salvare il suo popolo e l'umanità».[109]

Maria, da buona e misericordiosa Madre, ha dunque una particolare propensione verso i peccatori, che sono i più indigenti e perciò i più bisognosi, per questo motivo suor Faustina continua a scrivere:

«Maria Santissima, Madre mia, Tu ora sei mia Madre in modo particolarissimo e questo perché il Tuo amato Figlio e mio Sposo e quindi siamo entrambi figli Tuoi. Per riguardo verso il Figlio devi amarmi. O Maria, Madre mia amatissima, dirigi la mia vita interiore, in modo che sia gradita al Figlio Tuo Santo, Onnipotente Iddio, in questi momenti di tanta grazia, con la quale mi unisci a Te per l'eternità, io, piccola nullità, con la più grande riconoscenza mi getto sotto i Tuoi piedi, come un piccolo e sconosciuto fiorellino, il cui profumo d'amore sale giornalmente verso il Tuo Trono. Nei momenti delle lotte e delle sofferenze, delle tenebre e delle tempeste, della nostalgia e della tristezza, nei momenti delle prove difficili, nei momenti in cui non sarò compresa da nessuna creatura ed anzi sarò da tutti condannata e disprezzata» (*Dz* n. 72).

Questa riflessione di Kowalska pone l'accento sul ruolo della Madre di Dio, la quale accompagna il suo Figlio sempre e non si dimentica dei figli adottivi, rappresentati da un apostolo. In questo ricordarsi di Maria, Ella diventa Madre di misericordia che intercede incessantemente per i tutti figli.

La domanda spontanea che ci si pone potrebbe essere: ma da dove arriva e quale è la fonte di tanta misericordia in Maria? La risposta è: la fonte è solo Dio, *dives in*

[109] W. KASPER, *Misericordia - Concetto fondamentale del vangelo*, p. 306

misericordia (cf. *Gv* 14.9). Per suor Faustina, in Maria di Nazaret tutto si rapporta al primo istante della sua concezione immacolata. Ecco perché, preparandosi alla festa dell'Immacolata, scrisse nel *Diario*:

> «Con grande fervore mi sono preparata a celebrare la festa dell'Immacolata Concezione della Madre di Dio. Ho vigilato maggiormente sul raccoglimento dello spirito ed ho meditato su questo Suo privilegio esclusivo. Per questo il mio cuore si è immerso tutto in Lei, ringraziando Iddio per aver concesso a Maria questo grande privilegio. Non mi sono preparata soltanto con la novena comune, che fa assieme tutta la comunità, ma mi sono impegnata anche personalmente per salutarla mille volte al giorno, recitando ogni giorno per nove giorni mille Ave Maria in Suo onore. È già la terza volta che faccio una novena del genere alla Madonna, quella che consiste nella recita di mille Ave Maria al giorno, cioè novemila Ave Maria per tutta la novena» (*Dz* n. 347).

Maria è eletta per collaborare alle grandi opere della misericordia di Dio. Ella «ha trovato grazia presso Dio» (*Lc* 1,38). Questo sta a significare che Maria è "ripiena" per pura grazia. Ella è semplicemente l'umile «serva del Signore» (*Lc* 1.38) e un modesto strumento della misericordia di Dio.

Maria di Nazaret è «la solista del cantico di esultanza, che è un meraviglioso inno rivolto al Padre della misericordia per le grandi cose che ha fatto in lei. Nel *Magnificat* la "figlia di Sion", la nuova splendida dimora del Dio vivente, raccoglie tutte le speranze e le aspirazioni del suo popolo e le innalza verso il Padre. Rendendosi responsabile del destino del suo popolo, Maria si fa interprete della sua speranza e della sua lode. Nel *Magnificat*, precisamente, si vive uno dei vertici più ispirati della tradizione orante dell'umanità».[110] Uno di questi vertici è l'incarnazione del Verbo. In questo mistero Dio ha voluto manifestare la misericordia entrata nel grembo immacolato di Maria. Infatti, grazie all'umile consenso di Maria, il Verbo ha preso la natura umana. Dio, tramite l'angelo Gabriele, ha rivelato a Maria la decisione di

[110] A. AMATO, *Maria e la Trinità*, San Paolo, Milano 2000, pp. 56-57.

ricostituire il suo Regno, il quale sarà capace di restituire la dignità persa a tutti miseri e ai poveri.[111]

Per Kowalska, Maria è il modello della "grazia piena", perché possiede così tante grazie che di più non ne può ricevere. Quando l'angelo Gabriele le disse: «Non temere Maria, hai trovato grazia presso Dio, ecco concepirai un figlio, lo darai alla luce e lo chiamerai Gesù» (*Lc* 1, 31,32), in quella occasione ella si definì la serva del Signore (δούλη). In questo modo Maria - Vergine Immacolata fa spazio a Dio, affinché Egli possa operare il suo miracolo, mentre lei diventa Madre di Dio e nello stesso tempo "Madre di misericordia". Infatti, santa Faustina scrisse ancora:

> «Ti adoriamo in grande umiltà, per aver innalzato tutto il genere umano. Insondabile nella Tua Misericordia, inconcepibile! Per amore verso di noi prendi per Te il corpo da una Vergine Immacolata, mai sfiorata dal peccato, perché così avevi stabilito dall'eternità. La Vergine Santa, quel niveo giglio, Per prima adora l'onnipotenza della Tua Misericordia. Il Suo Cuore puro si apre con amore alla venuta del Verbo, Crede alle parole del messaggero divino e si rafforza nella fiducia. Si stupì il cielo che Dio si fosse fatto uomo, Che ci fosse in terra un cuore degno di Dio. Perché mai, Signore, non Ti unisci a un Serafino, ma ad un peccatore? Questo è un mistero della Tua Misericordia, nonostante il puro grembo della Vergine. O mistero della divina Misericordia, o Dio di pietà, che Ti sei degnato abbandonare il trono celeste Per abbassarti alla nostra miseria, all'umana debolezza, perché non gli angeli, ma gli uomini hanno bisogno di Misericordia. Per esprimere degnamente la Misericordia del Signore, uniamoci alla Tua Madre Immacolata. Così allora il nostro inno Ti sarà più gradito, dato che Essa è stata scelta fra gli angeli e gli uomini. Attraverso Lei, come attraverso un puro cristallo è giunta a noi la Tua Misericordia. Per Suo merito l'uomo divenne gradito a Dio, per Suo merito scendono su di noi torrenti di grazie di ogni genere» (*Dz* n. 422).

Infatti, Maria viene chiama con il titolo di "Madre della misericordia", perché ha saputo accogliere nella mente e nel cuore puro il mistero insondabile della misericordia. Lei è "Madre di misericordia", perché ha riconosciuto il valore del dono della misericordia per la sua miseria, e per questo cantò: «ha guardato all'umiltà della sua serva» (*Lc* 1,48). Maria diventa "Madre di misericordia", perché attraverso

[111] Cf. *ibid.*, p. 58.

il vissuto e l'esperienza concreta della misericordia, ha saputo comprendere che la misericordia è "il vero cuore di Dio".

Con l'obbediente "si", Maria diventa la serva della misericordia di Dio.[112] Potremo dire che Dio l'ha scelta nella semplice qualità di creatura umana e umile giovane donna, come "il primo canale della misericordia". Dio con la grazia l'ha resa capace di essere l'opera della misericordia a lui solo dovuta e a lui solo possibile. In tal caso, Maria è ancora una volta "espressione della misericordia di Dio", che supera qualsiasi aspettativa e tutte le possibili pretese umane.

Con il «fiat pieno di fede, Maria diventa strumento della misericordia di Dio»[113] apre la via alla venuta di Dio e diventa la genitrice di Cristo, "l'arca della nuova alleanza", "il tempio dello Spirito Santo", "il modello reale della Chiesa". Perciò «Cristo rimase nove mesi nel seno di Maria per rimanere nel tabernacolo della fede della Chiesa fino alla consumazione dei secoli, nella conoscenza e nell'amore dell'anima fedele, per i secoli» (*EG* 285).

Non possiamo dimenticare che Maria sopportò accanto al suo Figlio anche "la notte più oscura della croce". Precisamente, diremo che Lei ha vissuto nella propria persona il mistero della redenzione, e di conseguenza la rivelazione dell'amore misericordioso del Padre. Maria «soffrendo profondamente col suo unigenito e associandosi con animo materno al sacrificio di lui, fu amorosamente consenziente all'immolazione della vittima da lei generata» (*LG* 58).

Infine Kowalska contempla in Maria il modello perfetto e privilegiato della Chiesa che "vede tutto, sente tutto e a tutto assiste". Maria sarà sempre "Madre di misericordia", perché possiede la capacità di immedesimarsi e di compatire con tutto il cuore le miserie umane. In un altro passo del *Diario* leggiamo:

> «O dolce Madre del Signore, Su Te modello la mia vita, Tu sei per me un'aurora radiosa, Estasiata m'immergo tutta in Te. O Madre, o Vergine Immacolata, In Te si riflette per me il raggio di Dio. Tu m'insegni ad amare il Signore nelle tempeste, Tu il mio scudo e la mia difesa dai nemici» (*Dz* n. 285).

---

[112] Cf. M. SOPOĆKO, *Dar Miłosierdzia*, pp. 80-81.
[113] W. KASPER, *Misericordia - Concetto fondamentale del vangelo*, p. 307.

Suor Faustina confida profondamente nell'intercessione di Maria come Madre, che può ottenere le grazie di Dio. L'intercessione di Maria si fonda sulla maternità di Dio, capace di perseverare nella fede. Lei è sensibile particolarmente e idonea a raggiungere tutti gli uomini pronti ad accettare il dono della misericordia di Dio di una Madre.

La Chiesa per Kowalska è la comunione visibile e straordinaria. La Chiesa è il Cristo mistico, la quale viene definita santa in quanto istituzione divina. Per lei la santità della Chiesa consiste nell'essere voluta da Dio misericordioso in Cristo per la salvezza dell'umanità, nel configurarsi come popolo di Dio radunato nell'unità dall'amore del Padre che procede verso il Regno definitivo degli ultimi tempi; al momento presente essa arranca fra le vicissitudini di questo mondo, promuovendo il bene nella continua lotta contro il male. Il concetto di Chiesa "santa ma peccatrice" comporta anche che la comunità ecclesiale per intero tenda alla perfezione e aspiri costantemente alla santità: essere santi, cioè perfetti come il Padre che è nei cieli, è obiettivo irrinunciabile di ogni cristiano e per tale finalità esistono anche i mezzi di grazia, primi fra tutti i Sacramenti.

Perciò tutti i battezzati sono chiamati a convertirsi e a fuggire il peccato proprio per la comune vocazione alla santità. Trovando in Essa la fragilità umana, non si può associare alla natura divina della Chiesa, ma alla natura umana. La Chiesa è senza macchia nell'aspetto sacramentale, nel Credo, nella Legge, nei doni celesti e nei carismi. L'unione dei credenti in Cristo è stretta, attraverso l'ispirazione interiore e l'azione dello Spirito Santo. L'immagine della Chiesa è come una "Madre di misericordia", nella quale trova visione l'unico strumento efficace della salvezza per tutta l'umanità.

VI. L'ATTRAZIONE DI DIO MISERICORDIOSO

Osserviamo che già «l'antica tradizione biblica ha descritto con varie metafore il mistero di Dio tremendo e fascinoso. Questa attrazione è collegata alla dinamica interiore del desiderio umano».[114] Il desiderio di Dio, infatti, «è inscritto nel cuore dell'uomo, perché l'uomo è stato creato da Dio e per Dio» (*CCC* 27). Il "desiderio e l'attrazione del suo fascino" si traducono in ricerca e in attesa di un "incontro", che esige intimità e stabilità. Ogni uomo, che risponde all'appello fondamentale che Dio pone nel suo cuore, consegue la serenità interiore (conservando la stima di se stesso), la pace dell'anima (mantenendo la fiducia in Dio misericordioso), la semplicità del cuore rappresentata dall'immagine del bambino (rimanere semplice come un bambino, ma non infantile). La serenità, la pace e la semplicità, considerati nel loro senso più profondo, caratterizzano l'itinerario interiore di ogni persona, che risponde pienamente al Dio misericordioso. In una delle meditazioni sull'amore del prossimo, suor Faustina scrisse nel *Diario*, esprimendo un desiderio più profondo:

> «Desidero trasformarmi tutta nella Tua Misericordia ed essere il riflesso vivo di Te, o Signore. Che il più grande attributo di Dio, cioè la Sua incommensurabile Misericordia, giunga al mio prossimo attraverso il mio cuore e la mia anima. Aiutami, o Signore, a far sì che i miei occhi siano misericordiosi, in modo che io non nutra mai sospetti e non giudichi sulla base di apparenze esteriori, ma sappia scorgere ciò che c'è di bello nell'anima del mio prossimo e gli sia di aiuto. Aiutami a far sì che il mio udito sia misericordioso, che mi chini sulle necessità del mio prossimo, che le mie orecchie non siano indifferenti ai dolori ed ai gemiti del mio prossimo. Aiutami, o Signore, a far sì che la mia lingua sia misericordiosa e non parli mai sfavorevolmente del prossimo, ma abbia per ognuno una parola di conforto e di perdono. Aiutami, o Signore, a far sì che le mie mani siano misericordiose e piene di buone azioni, in modo che io sappia fare unicamente del bene al prossimo e prenda su di me i lavori più pesanti e più penosi. Aiutami a far sì che i miei piedi siano misericordiosi, in modo che io accorra sempre in aiuto del prossimo, vincendo la mia indolenza e la mia stanchezza. Il mio vero riposo sta nella disponibilità verso il prossimo. Aiutami, Signore, a far sì che il mio cuore sia misericordioso, in modo che partecipi a tutte le sofferenze del prossimo. A nessuno rifiuterò

[114] G. DE VIRGILIO, *Il fascino dell'Assoluto di Dio*, in "Vocazioni" 6(2013), p. 6.

il mio cuore. Mi comporterò sinceramente anche con coloro di cui so abuseranno della mia bontà, mentre io mi rifugerò nel Misericordiosissimo Cuore di Gesù» (*Dz* n. 54).

Dal testo appena citato si comprende che Kowalska, parlando di Dio, pone un forte accento sull'aiuto e sulla sua proprietà più grande che è la misericordia. La causa principale degli abusi e delle discordie tra gli uomini è il rapporto "deviato" tra Dio e le sue creature, che si può recuperare rivolgendosi alla misericordia. Essa, però, richiede non solo che la misericordia si trasformi in opere nei confronti del prossimo, ma che sia anche applicata alle questioni sociali, come per esempio alla disuguaglianza, alle lotte continue, allo sfruttamento dei più deboli, ai privilegi e ad altro. Secondo il pensiero spirituale della suora polacca, Dio è Padre misericordioso di tutti. Egli desidera l'unione e la comunione pacifica tra i suoi figli addottivi, consegnando loro l'eredità del Regno dei cieli. In quest'amore paterno osserviamo un altro movimento opposto a quello appena accennato "dal basso verso l'alto". Esso prevede per l'uomo il dono gratuito di condivisione della felicità con Dio e l'invito dell'uomo alla vita Trinitaria (l'uomo chiamato da Dio dalla condizione della miseria umana alla pienezza della vita eterna). È vero che l'uomo ha perso tutto nel commettere il peccato originale, ma Dio, come vero Padre misericordioso e paziente, non si è imposto limiti nell'offrire il suo unigenito Figlio come sacrificio perenne gradito, il quale ha presentato la bellezza e la saggezza della misericordia, riscattando così tutta l'umanità dalla morte e dandole di nuovo la dignità perduta. In questo particolare scambio, in Gesù che assume i castighi meritati dagli uomini, Dio risparmia l'uomo senza risparmiare il Figlio. In Gesù l'amore per l'uomo si trasforma nel segno visibile dell'azione salvifica di Padre Celeste, nella "veste particolare della misericordia" verso i figli. Intatti, nel *Diario* di suor Faustina leggiamo:

«Il Verbo si fa Carne, Dio abita fra di noi, il Verbo di Dio, la Misericordia Incarnata. Con la Tua umiliazione ci hai innalzato alla Tua Divinità. E l'eccesso del Tuo amore, è l'abisso della Tua Misericordia. Stupiscono i cieli per questo eccesso del Tuo amore. Ora nessuno ha più paura di avvicinarsi a Te. Sei il Dio della Misericordia, hai pietà per la miseria, sei il nostro Dio e noi il Tuo popolo. Sei nostro Padre e noi per Tua grazia siamo Tuoi figli. Sia glorificata la Tua Misericordia, poiché Ti sei degnato di scendere tra noi. Sii adorato, o Dio misericordioso, Per esserti degnato di scendere dal cielo su questa terra. Ti adoriamo in grande umiltà, Per aver innalzato tutto il genere umano. Insondabile nella Tua Misericordia, inconcepibile!» (*Dz* n. 421).

Effettivamente, nel Nuovo Testamento troviamo il tema del Padre misericordioso che diventa centrale quando si parla di Dio, il vero motivo è questo: Gesù di Nazaret, Figlio di Dio ha parlato molte volte di un "Padre" e ha rivelato "il suo volto misericordioso". Tanto è vero che perfino i profeti dell'Antico Testamento hanno parlato già "sull'amore paterno" di Dio, anticipando il grande tema centrale della categoria "Padre misericordioso" nel Nuovo Testamento. Infatti, in *Osea* leggiamo:

«Quando Israele era giovinetto io l'ho amato (...). A Efraim io gli insegnavo a camminare tenendolo per mano. Ho tenuto il mio popolo tre le mie braccia (..). Io li traevo con legami di bontà, con vincoli d'amore; ero per loro come chi solleva un bimbo alla sua guancia, mi chinavo su di lui per dargli da mangiare» (*Os* 11, 1-3-4)

A questo punto possiamo dire che proprio le immagini familiari riescono a suscitare nell'intimità del cuore umano, il sentimento vivo dell'amore paterno di Dio. Secondo il pensiero spirituale di Kowalska, il Padre misericordioso è colui che sa proteggere i suoi figli nel donare loro la sicurezza stabile. Per questo, infatti, tutto il racconto della Sacra Scrittura presenta Dio Padre come la roccia, il baluardo e la potente salvezza per gli uomini (cf. *Sal* 18, 2-3). Nel *Diario* leggiamo ancora:

«Tu sei il mio rifugio. Tu sei la mia pace. Tu sei l'unica mia salvezza. Tu sei la quiete nei momenti della lotta e nel mare dei dubbi. Tu sei il raggio luminoso che illumina la strada della mia vita. Tu sei tutto per un'anima solitaria. Tu comprendi le anime, anche se non parlano. Tu conosci le nostre debolezze e come un buon medico consoli e curi, riducendo le sofferenze da buon intenditore». (*Dz* n. 74)

Un altro pensiero di santa Faustina è che in Dio possiamo trovare "l'amore materno", fatto di tenerezza e di accoglienza. Questo tipo d'amore viene chiamato "viscerale" (ebr. *Rehem* - grembo materno, utero), che sta per indicare il posto dove si forma il bambino, e cioè la parte delle più profonde fibre dell'essere di una madre, là dove si afferra tutta la persona umana, facendola ardere di compassione e misericordia.

> «Vedi come sono debole; da sola non faccio nemmeno un passo avanti. Per questo, o Gesù, devi stare continuamente con me come una madre presso un bambino debole e anche dì più. Sono cominciate le giornate dì lavoro, di lotte e di tribolazioni» (*Dz* n. 74).

Esattamente in Isaia troviamo la conferma di questo tipo d'amore divino: «si dimentica forse una donna del suo bambino, così da non commuoversi per il frutto delle sue viscere?» (*Is* 49,15). «Come una madre consola il figlio, così io vi consolerò» (*Is* 66,13). In questo modo, nella spiritualità della misericordia abbiamo i due tipi di amore: paterno e materno che sono sempre intimamente uniti in Dio Trinità.

6.1 *AMARE SINCERAMENTE DIO PER RICEVERE LA MISERICORDIA*

Leggendo il *Diario* di suor Faustina, il lettore si accorge che ogni *quaderno* inizia con una lode alla misericordia di Dio che si trasforma in un "canto spirituale meraviglioso e profondo". La seconda parte invece, è dedicata allo sviluppo di un dialogo intenso ed amoroso con lo Sposo, la conclusione consiste sempre in una meditazione spirituale. Secondo una di esse: Dio ama senza limiti e si lascia amare. Tanto è vero che Kowalska si pone la domanda: "come e in che modo amare Dio?" La risposta è che da un lato "Dio diventa oggetto dell'amore" e dall'altro "Dio è soggetto". Uno indica l'amore dell'uomo per Dio e l'altro indica la misericordia di Dio per l'uomo. Nel *Diario* leggiamo:

> «La vera grandezza di un'anima sta nell'amare Dio e nell'umiltà. (...) Tu come lo sai questo, che la vera grandezza di un'anima sta nell'amare Dio e nell'umiltà? Queste cose possono saperle soltanto i teologi, mentre tu non hai studiato nemmeno il catechismo, e come puoi saperle? (...) Io però non mi addormentai affatto; la mia mente era stanca per quello su cui

avevo cominciato a riflettere e per quello che avevo visto. O anime umane, come riconoscete tardi la verità! O abisso della Misericordia di Dio, riversati al più presto sul mondo intero, secondo quello che Tu stesso hai detto!» (*Dz* n. 116).

Effettivamente ogni credente che confida nella misericordia di Dio ha il "dovere" di amare Dio. La predicazione cattolica, in certe epoche come per esempio nel XIX e XX secolo, ha seguito "questa via del dovere", parlando, quasi solo del "comandamento" di amare Dio.[115] La rivelazione biblica, raccontando la storia dell'amore, pone un accento forte sul secondo significato, e cioè "all'amore *di* Dio", non invece, "all'amore *per* Dio".

Già Aristotele diceva che Dio «muove il mondo in quanto è amato»,[116] ma la Sacra Scrittura afferma il contrario. Il Dio, essendo amore puro, attraverso la misericordia, prima crea il mondo e in seguito lo muove, in quanto ama il mondo. Possiamo dire che è rilevante questo concetto del movimento amoroso di Dio. Dunque, è importante scoprire che non l'uomo ama Dio, ma che Dio *in primis* ama incondizionatamente l'uomo, e lo ama veramente. Per questo leggiamo: «In questo sta l'amore: non siamo stati noi ad amare Dio, ma è lui che ha amato noi» (*1 Gv* 4,10).

Tutta la Bibbia non fa che narrare l'amore misericordioso di Dio. Quell'amore è la risposta definitiva a tutte "le domande sul *perché* della Scrittura, per esempio: perché la creazione del mondo, perché Dio uno e trino, perché l'incarnazione del Verbo, perché la redenzione attraverso la croce. Tutte le Parole e le opere di Dio nei testi sacri si rivelano nell'amore misericordioso. Perfino la "collera di Dio" non è altro che l'amore unito alla fedeltà, alla misericordia e alla giustizia. Infatti, per questo motivo suor Faustina scrisse le parole sull'amore di Dio:

«L'amore scaccia la paura dall'anima. Da quando ho cominciato ad amare Iddio con tutto il mio essere, con tutta la forza del mio cuore, da quel momento è scomparsa la paura e, benché mi si parli in qualunque modo della Sua giustizia, non ho alcun timore di Lui, perché l'ho

---

[115] Cf. A. TANQUEREY - R. GARRIGOU-LARRANGE - B. *BARTMAN* (edd.), *Teologia - Dogma - Liturgia - Vangelo*, vol. I (ed. 4.), pp. 7-9.

[116] ARISTOTELE, *Metafisica,* XII, 7, 1072 b.

conosciuto bene. Dio è amore ed il Suo Spirito è la pace. Ed ora vedo che le mie azioni scaturite dall'amore, sono più perfette delle azioni che ho compiuto per timore. Ho posto la mia fiducia in Dio e non temo nulla, mi affido completamente alla Sua santa volontà, faccia di me quello che vuole, io in ogni caso Lo amerò sempre» (*Dz* n. 153).

Nel testo appena citato, notiamo l'importanza preziosa della fiducia, dalla quale, con "gli occhi dell'anima", s'impara come bisogna amare Dio. Essa diventa per Kowalska la ricerca sincera della Volontà di Dio. Nel modo di esprimersi di suor Faustina, troviamo la speranza e la saggezza che illumina il concetto di misericordia, mentre l'amore illumina l'apice della misericordia.

Nell'"amare Dio", la suora polacca pone l'accento sull'apertura dell'anima all'abbondanza delle grazie, cioè alla misericordia. Tutti gli uomini sono creati da Dio Padre misericordioso per "amare Dio". "Amare Dio" è il punto di partenza, il rimedio e lo scopo finale d'ogni uomo. "Ama e fa' ciò che vuoi"[117], è la famosa frase di sant'Agostino, come una delle espressioni più sintetiche dell'amore, che consiste proprio nell'"amare Dio" e il prossimo. Infine, possiamo affermare che l'amore è l'essenza di Dio misericordioso, il contenuto della totale perfezione e la "regina" di tutte le virtù cristiane.

6.2 *LA FIDUCIA IN DIO MISERICORDIOSO*

Un altro tema rilevante, che suor Faustina sviluppa nell'ambito della spiritualità, è la fiducia, come risposta indispensabile da parte di ogni cristiano alla misericordia di Dio. La fiducia totale in Dio è fondamentale nell'esistenza umana e nella vita spirituale. Analizzando il *Diario* di Kowalska, notiamo chiaramente che per fiducia ella intende l'orientamento, il fondamento solido e "il perno della vita spirituale". Secondo la sua opinione, la fiducia permette a un cristiano di aprirsi all'azione divina e decidere

[117] *Dilige et fac quod vis.* Questa frase di Agostino però, dobbiamo leggere nella chiave di lettura del testo del Vangelo di san Giovanni (cf. *1Gv)*, non come un'esagerazione sentimentale o un capriccio, ma come una vera sollecitazione alla responsabilità per il bene del prossimo.

di collaborare con la grazia per mettersi in cammino verso la santità. È opportuno, però, trovare nella fiducia «il fattore decisivo per ottenere la misericordia».[118] Essa ha un ruolo privilegiato nella vita interiore come nessun'altra virtù. In un passo del *Diario*, leggiamo:

> «Con la fiducia e la semplicità di un piccolo bimbo, mi affido a Te oggi, Signore Gesù, mio Maestro. Lascio a Te la completa libertà di guidare l'anima mia. Guidami per le strade che Tu vuoi; io non voglio conoscerle. Io verrò fiduciosa dietro a Te, il Tuo Cuore misericordioso può tutto» (*Dz* n. 69).

Dal brano appena citato, si desume che Dio è il Maestro, la Guida sicura, viene sempre in aiuto a chi lo chiede fiducioso. L'uomo, purtroppo, facilmente perde la speranza e si lascia prendere dai dubbi, dalle paure e dall'incredulità. Il primo compito dell'uomo è consolidare la fiducia in Dio misericordioso riguardo al passato, al presente ed al futuro. La fiducia non costituisce una virtù distinta, ma è una condizione necessaria della virtù della speranza. Siccome essa deriva dalla fede, moltiplica la speranza e l'amore, e, a parte questo, in un modo o nell'altro si collega con le virtù morali, perciò può essere definita la base sulla quale le virtù teologali si collegano con quelle morali. Infatti, in un altro passo del *Diario*, troviamo la seguente definizione:

> «Un principio morale. Quando non si sa che cosa sia meglio fare, occorre riflettere, esaminare la cosa e chiedere consiglio, poiché non è lecito agire nel dubbio della coscienza. Nell'incertezza dire a se stessi: qualunque cosa farò, sarà ben fatta; ho l'intenzione di farla bene. Dio accetta quello che noi consideriamo buono, questo Dio lo accetta e lo considera buono. Non abbattersi se, passato il tempo, ciò che abbiamo fatto non si dimostra buono. Il Signore Dio guarda l'intenzione con la quale cominciamo e secondo questa darà la ricompensa. Questo è un principio al quale dobbiamo attenerci. Anche oggi sono andata a fare una breve visita al Signore prima di coricarmi. Il mio spirito si è immerso in Lui, come nell'unico mio tesoro; il mio cuore ha riposato un momento vicino al Cuore del mio Sposo. Sono stata illuminata su come comportarmi con le persone che mi stanno attorno e sono tornata alla mia solitudine (*Dz* n. 199). O mio Creatore e Padre di grande Misericordia, io

[118] M. SOPOĆKO, *Miłosierdzie Jego na wieki*, p. 63.

> confido in Te, poiché sei la Bontà personificata. O anime, non abbiate paura di Dio, ma abbiate fiducia in Lui, poiché è buono e la Sua Misericordia dura nei secoli» (*Dz* n. 223).

Dal testo appena riportato si evince esplicitamente che Dio sia il principio di ogni bene. Egli è la vera sorgente di bontà, di misericordia, di luce, ma anche del consiglio. Chi confida in Dio non deve temere di nulla.

Teniamo presente che esiste una netta distinzione tra la fiducia "naturale" e "soprannaturale". La "fiducia naturale" è nient'altro che "aspettarsi l'aiuto da parte del prossimo". La "fiducia soprannaturale" invece, suscita nell'uomo la certezza nel trovar aiuto e rifugio sicuro in Dio. Per dimostrare come bisogna mantenere la fiducia in Dio, basterebbe esaminare l'episodio della tempesta sedata sul mare, quando Cristo dice: «non abbiate paura» (*Mt* 28,20). Esattamente, le parole del Signore sono parole "pure", sono "argento raffinato" in un crogiuolo di terra, purificato sette volte (cf. *Sal* 12, 6). Ogni uomo dovrebbe avere la totale fiducia in Dio misericordioso che non delude mai nessuno, ma è pronto a soccorrere nel bisogno e a salvare dai pericoli tutti i suoi figli. Per questo, possiamo trovare nella figura di Abramo un modello significativo della "fiducia soprannaturale", che orienta gli uomini verso l'aiuto dall'alto. Effettivamente Abramo, pur ritenendosi sempre un uomo indegno, immeritevole e soprattutto imperfetto, ha mantenuto la fiducia nell'aiuto dall'alto. Senza esitare a parlare direttamente con Dio, senza eccessiva confidenza, senza chiedere nemmeno di risparmiare Sodoma dall'ira di Dio, Abramo mantiene la fiducia in Dio e nell'aiuto dall'alto, animato dalla eterna misericordia.

Tutte le persone anche più disperate, sofferenti, povere, emarginate, dimenticate, ecc., hanno diritto di ricorrere all'aiuto promesso da Dio stesso. Egli l'ha mantenuta, la mantiene e continuerà a mantenerla, finché durerà il "tempo della misericordia", e cioè il tempo della Chiesa. L'aiuto da parte degli uomini, invece, a chi si trova nella situazione del bisogno, molte volte porta tanta delusione. Le promesse umane non sempre vengono mantenute, piuttosto sono incerte e purtroppo traditrici. Le promesse divine, invece, non deludono mai. Infatti, anche il Salmista, richiamandosi all'esperienza personale, ne ha data piena conferma, scrivendo:

«Ma io confido in te, o Signore; io ho detto: Tu sei il mio Dio» (*Sal* 31,14). «Molte sono le calamità per l'empio, ma chi confida nel Signore di misericordia egli lo circonda» (*Sal* 32,10).

6.3 *LA FIDUCIA NEI SALMI*

Nel *Diario* di santa Faustina, l'idea della fiducia nel Signore di misericordia è strettamente unita al timore di Dio e alla speranza viva nell'aspettarsi d'ottenere la misericordia, ciò che vedremo più avanti. Per questo possiamo leggere:

> «Non dobbiamo dubitare nemmeno un istante, ma confidare nella potenza della Misericordia. Poiché Dio accoglie sempre benevolmente un'anima pentita. O ineffabile Misericordia del Signore, fonte di pietà e di ogni dolcezza! Sii fiduciosa, sii fiduciosa, o anima, anche se sei macchiata dalla colpa. Poiché se ti avvicini a Dio, non proverai amarezza. Poiché Egli è la viva fiamma di un grande amore, quando ci avviciniamo sinceramente a Lui. Scompaiono le nostre miserie, i peccati e le malvagità. Egli pareggia i nostri debiti, se ci affidiamo a Lui» (*Dz* n. 423).

Il concetto della fiducia si fonda sulla lettura profonda e attenta della Bibbia, in particolare dei *Salmi.* Osserviamo che, come ad esempio il re Davide, per mostrare la vera causa dell'allontanamento da Dio, non provocato dalla mancanza di fiducia, ma dal peccato, dall'assenza dei valori, dalle guerre e dai sette vizi capitali. In una meditazione tratta dal *Diario* leggiamo:

> «Prima di sera ho udito per radio un canto, e precisamente i salmi cantati da sacerdoti. Sono scoppiata a piangere e tutto il dolore mi si è rinnovato nell'anima e piangevo non riuscendo a trovare conforto al mio dolore. All'improvviso ho udito una voce nell'anima: *Non piangere, non soffro più. E per la fedeltà con la quale Mi hai accompagnato nella Passione e nella morte, la tua morte sarà solenne e ti farò compagnia in quell'ultima ora. Diletta perla del Mio Cuore, vedo il tuo amore così puro, più di quello degli angeli, proprio di più, perché tu combatti* (*Dz* n. 253). Tutta la mia speranza è il Tuo Cuore misericordiosissimo, non ho nulla

a mia difesa, solo la Tua Misericordia, in essa sta tutta la mia fiducia (*Dz* n. 254)».

Dal testo appena citato, si osserva che nei *Salmi*, possibilmente cantati, facilmente si possono trovare dei consigli come bisogna afferrare e mantenere la fiducia in Dio. Teniamo presente che selezionando e valutando alcuni *Salmi*, troviamo in maniera esplicita le caratteristiche della fiducia, le quali corrispondono ad una visione di Dio misericordioso, paziente e pietoso, più vicino all'uomo. Per esempio nel *Salmo* 13, vediamo in Davide il "sentimento dell'abbandono a Dio", perché esprime la fiducia totale solo nella misericordia di Dio: «Nella tua misericordia ho confidato. Gioisca il mio cuore nella tua salvezza» (*Sal* 13,6). Nel *Salmo* 17 invece, notiamo che il re supplica il soccorso di Dio contro la crudeltà dei nemici, esprimendo la fiducia in Dio misericordioso: «Mostrami i prodigi del tuo amore, tu che salvi dai nemici chi si affida alla tua destra» (*Sal* 17,7). Nel *Salmo* 21, Davide ringrazia della vittoria, attribuendola alla fiducia riposta nella misericordia di Dio: «perché il re confida nel Signore, per la fedeltà dell'Altissimo non sarà mai scosso» (*Sal* 21,8).

Vale la pena sottolineare che rileggendo il *Salmo* 31, troviamo "la preghiera della fiducia" rivolta al Signore, davanti ai grandi pericoli che minacciano il re Davide: «ma io ho fede nel Signore, esulterò di gioia per la tua grazia» (*Sal* 31,7). Meditando sul *Salmo* 32 invece, cogliamo l'espressione della propria gioia, perché il Signore ha perdonato colui che ha confidato in Lui: «molti saranno i dolori dell'empio, ma la grazia circonda chi confida nel Signore» (*Sal* 32,10). In quasi tutto il *Salmo* 33 si "sente il suono" del messaggio che tutto avviene, non come la gente desidera, ma come Dio misericordioso guida gli eventi: «Ecco, l'occhio del Signore veglia su chi lo teme, su chi spera nella sua grazia» (*Sal* 33,22). Lo stesso messaggio, troviamo nel *Salmo* 52: «Io, invece, come olivo verdeggiante nella casa di Dio, mi abbandono alla fedeltà di Dio ora e per sempre» (*Sal* 52,10), e nel salmo 86: «Tu sei buono, Signore, e perdoni, sei pieno di misericordia con chi t'invoca» (*Sal* 86,5). Nel *Salmo* 103 Davide identifica la fiducia con il timore filiale: «Come il cielo è alto sulla terra, cosi è grande la sua misericordia su quanti lo temono» (*Sal* 103,11). Nel *Salmo* 143, pensa lo stesso, di fronte alla ribellione del figlio Absalom che chiede aiuto il più presto possibile ed è sicuro di ottenerlo: «Al mattino fammi sentire la tua grazia, poiché in te confido» (*Sal* 143,8). Nel *Salmo* 147, invece, cogliamo il compiacimento divino. Questo, però, richiede il timore di Dio, la speranza e la fiducia nella grazia, che è misericordia. Troviamo anche una richiesta particolare di Davide al creato per lodare Dio, perché: «Il Signore si compiace di chi lo teme, di chi spera nella sua grazia» (*Sal* 147,11). Il *Salmo* 136 può essere considerato come una "litania della misericordia" dell'Antico Testamento, perché il salmista, enumerando ogni beneficio ottenuto da chi confida in Dio, aggiunge in ogni strofa il ritornello: «Perché eterna è la Sua misericordia» (*Sal* 136,1). Qui si nota che la fiducia è la prima disposizione d'animo della persona che spera e cerca un rifugio sicuro nell'eterna misericordia di Dio. Kowalska consigliò nel suo *Diario* di non aver paura nell'avvicinarsi a Dio pieno di bontà, utilizzando le diverse espressioni riferite alla fiducia in Dio dell'eterna misericordia, per esempio: abbandono fiducioso, fiducia filiale, fiducia gioiosa, ecc. Per questo motivo scrisse «Gesù è buono e pieno di Misericordia ed anche se la terra si aprisse sotto i miei piedi, non cesserò di aver fiducia in Lui (*Dz* n. 273)».

Un altro consiglio valido che troviamo nel *Diario* è che, in tempi di benessere o di prosperità, la fiducia in Dio conduce alla preghiera, che non toglie la memoria di Lui, ma anzi Lo considera un costante punto di riferimento. In situazioni di crisi, di panico e disperazione, quando cioè si è assillati dai problemi, la fiducia in Dio induce gli uomini alla preghiera costante per poter superare i momenti più difficili. Ecco perché suor Faustina scrisse:

> «Non importa se ci sono dei momenti nei quali quest'opera sembra completamente annientata: essa allora si rafforza. La mia anima fu colmata da una pace così profonda quale non avevo mai provato. Dopo questa assicurazione da parte di Dio, che nulla potrà più cancellare, questa profonda pace che nulla può turbare, anche se dovessi attraversare le prove più difficili, sono tranquilla. E Dio stesso che dirige quest'opera. Ho passato tutta la giornata a ringraziare e la riconoscenza m'inondava l'anima. O Dio, quanto sei buono! Quanto è grande la Tua Misericordia!» (*Dz* n. 403). Non mi difendo, ma confido maggiormente in Dio, che vede il mio intimo e m'accorgo che quelle anime s'impigliano esse stesse in quelle insidie. O Dio, quanto sei giusto e buono!» (*Dz* n. 417).

Tanto è vero che Gesù stesso invita i suoi a pregare Dio con fiducia. Egli lo fa indicando a tutti "l'appellativo particolarmente confidenziale e insolito di Padre", e cioè quello di "Abbà" (caro papà). Con quest'appellativo, Gesù ha voluto sottolineare che tutti gli uomini sono i figli di Dio e possono mantenere tanta confidenza e fiducia nel Padre di misericordia. Ecco perché san Paolo dice: «Accostiamoci dunque con piena fiducia al trono della grazia, per ricevere misericordia (…) ed essere aiutati al momento opportuno» (*Eb* 4, 15-16).

La prima condizione per una preghiera profondamente filiale è la fiducia sincera e libera in Dio Padre, che mostra il volto benigno, misericordioso e soprattutto indulgente nei confronti degli uomini. Infatti, la fede non consiste nel credere soltanto in un Dio onnipotente, ma in un Dio Padre benevolo e misericordioso, pronto ad accogliere ogni richiesta degli uomini nella preghiera fiduciosa e confidenziale. La preghiera a Dio Padre richiede ai figli la fiducia incondizionata, ma anche la loro spontaneità.

Dobbiamo tener presente che, già «nel discorso di addio tenuto nel cenacolo dopo l'ultima cena, il Signore Gesù, avendo dato gli ultimi ordini e avendo preannunciato agli Apostoli le persecuzioni, che li avrebbero oppressi a causa del suo Nome, indica la fiducia come condizione necessaria per resistere e per ottenere l'aiuto da parte del Signore di misericordia»[119]: «Voi avrete la tribolazione nel mondo, ma abbiate fiducia; io ho vinto il mondo!» (*Gv* 16,33). Infatti, «in quest'ultima parola di Gesù, pronunciata prima della passione, si trova il desiderio profondo di ricordare ai fedeli di tutti i tempi quanto sia necessaria la fiducia, non soltanto consigliata, ma ordinata da Cristo».[120]

Costatiamo, però, che nella preghiera del *Padre Nostro*, non viene eliminata la domanda fiduciosa delle grazie e dei benefici per chi prega e per gli altri. La richiesta, infatti, fa parte d'una dimensione fondamentale dell'orazione umana. Essa aiuta e stimola gli uomini a riconoscere la figliolanza adottiva di Dio come "Amore, Misericordia e Provvidenza". Effettivamente, così indica la seconda parte del *Padre*

[119] M. SOPOĆKO, *Zaufałem Twojemu Miłosierdziu. Myśli na każdy dzień*, p. 191.
[120] *Ibidem.*

Nostro, dove si domanda anche l'essenziale per l'esistenza terrena: «Dacci oggi il nostro pane quotidiano» (*Mt* 6, 11).

6.4 *LA FIDUCIA CONSIGLIATA DAL SIGNORE*

Il tema della fiducia ha un preciso fondamento biblico, secondo cui, Dio rende "quasi onnipotenti" coloro che confidano in Lui. Occorre distinguere la fiducia in Dio per conoscere le caratteristiche indicate dallo stesso Gesù. Pertanto la fiducia dovrebbe essere "soprannaturale", ma anche "assoluta", "pura", "forte" e "perseverante"; inoltre dovrebbe sgorgare dalla grazia e caratterizzarsi solo per l'abbandono in Dio. L'uomo confidando in Dio non può fidarsi troppo di se stesso, dei talenti, della propria ragione o della forza, perché in quel caso Dio rifiuterà l'aiuto e permetterà di sperimentare l'incapacità. Nel rapporto con Dio, gli uomini dovrebbero avere il convincimento che da soli sono capaci soltanto di deformare o perfino di distruggere i suoi disegni.[121] Confidando in Dio, gli uomini non possono appoggiarsi sui propri mezzi, perché in tal modo le forze ed i tesori più grandi saranno inutili se Dio stesso non regge, non fortifica, non consola, non insegna, non custodisce. L'appoggiarsi a Dio in suor Faustina, è chiedere umilmente il dono della fiducia per i meriti di Gesù.[122] Ecco perché Kowalska scrisse:

> «Mi rifugiai nelle Piaghe di Gesù. Ripetevo parole di speranza, ma quelle parole divennero per me un tormento ancora maggiore. Andai davanti al SS. mo Sacramento e cominciai a dire a Gesù: Gesù, Tu hai detto che è più facile che una madre dimentichi il bambino che allatta, piuttosto che Iddio dimentichi una Sua creatura e se pure essa lo dimenticasse, Io Dio non dimenticherò la Mia creatura. Gesù, senti come geme la mia anima? Ascolta i vagiti strazianti della Tua bambina. Ho fiducia in Te, o Dio, poiché il cielo e la terra passeranno, ma la Tua Parola dura in eterno» (*Dz* n. 6).

---

[121] Cf. M. SOPOĆKO, *Miłosierdzie Boga w dziełach Jego*, vol. I, p. 36.
[122] Cf. *ibid*, p. 37.

Queste parole esprimono la consapevolezza della propria debolezza e di conseguenza la richiesta sincera per il dono della fiducia incrollabile nel Signore. Dio stesso raccomanda la fiducia come uno dei mezzi efficaci, essa però, dovrebbe essere equilibrata, e cioè a metà strada tra il cosiddetto quietismo e l'attivismo eccessivo. I seguaci di quest'ultimo comportamento sono sempre inquieti, perché nelle loro attività si appoggiano unicamente su se stessi. Invece, la fiducia in Dio misericordioso, entusiasma ad un lavoro assiduo anche nelle cose più piccole e, nello stesso tempo, preserva le persone dall'inquietudine e dall'agitazione per la continua attività. Al contrario, «è pigrizia rimettersi totalmente a Dio senza essere fedeli ai propri doveri».[123] La vera fiducia in Dio è «forte e costante, senza dubbi e debolezze».[124] Effettivamente, richiamando di nuovo l'esempio di Abramo, vediamo che proprio lui aveva una simile fiducia, quando offrì suo figlio in sacrificio e altrettanto fecero i martiri. Questa virtù, invece, è mancata agli Apostoli durante la tempesta e per questo motivo Gesù li ha rimproverati:[125] «Perché avete paura, uomini di poca fede?» (*Mt* 8,26). Tanto è vero che chi possiede una fiducia forte, dovrebbe evitare la pusillanimità e l'insolenza. La pusillanimità è la più vile delle tentazioni, perché appena si perde il coraggio di andare avanti nel bene, ben presto si precipita nell'abisso dei vizi. L'insolenza invece, espone ai pericoli, per esempio alle occasioni di commettere tanti peccati, nella speranza che tanto Dio salverà. Questo tipo di tentazione conduce alla «fine tragica della vita spirituale».[126] La fiducia degli uomini, dovrebbe essere legata al timore di Dio, e alla consapevolezza del proprio limite, causata dalla debolezza e miseria umana. Senza il timore di Dio, la fiducia diventa presunzione, mentre il timore senza la fiducia diventa pusillanimità. Ecco perché, suor Faustina, ripotrà nel *Diario* un lamento significativo di Gesù:

> «Poi Gesù si lamentò con me dicendomi: La sfiducia delle anime Mi strazia le viscere. Ancora di più Mi addolora la sfiducia delle anime elette. Nonostante il Mio amore inesauribile non hanno fiducia in Me. Nemmeno la Mia morte è stata sufficiente per loro. Guai alle anime che

[123] *Ibid.*, p. 206.
[124] *Ibidem.*
[125] *Ibid.*, pp. 207-208.
[126] *Ibid.*, p. 209.

ne abusano!» (*Dz* n. 13).

Nel *Salmo* 146 leggiamo: «Il Signore si compiace di chi lo teme, di chi spera nella sua grazia» (*Sal* 146,11). Il timore con la fiducia diventa umile e coraggioso, la fiducia col timore, invece, diventa forte e modesta. Infatti, nel *Diario* leggiamo ancora:

> «Grande fu la gioia della mia anima vedendo quanto Dio è buono e misericordioso; Dio dà tutto quello che Gli chiediamo con fiducia. Dopo ogni colloquio col Signore, la mia anima viene singolarmente rafforzata, una quiete profonda regna nella mia anima e mi rende talmente coraggiosa, che non temo nulla al mondo; ho un solo timore, quello di rattristare Gesù. O Gesù mio, Ti supplico per la bontà del Tuo dolcissimo Cuore, si calmi il Tuo sdegno e mostraci la Tua Misericordia. Le Tue Piaghe siano il nostro scudo di fronte alla giustizia del Padre Tuo. Ti ho riconosciuto, o Dio, come sorgente di Misericordia, con cui si ravviva e si nutre ogni anima. Oh, quanto è grande la Misericordia del Signore, al di sopra di tutti i suoi attributi! La Misericordia è il più grande attributo di Dio; tutto ciò che mi circonda mi parla di questo. La Misericordia è la vita delle anime, la Sua compassione è inesauribile, O Signore, guarda verso di noi, comportati con noi secondo la Tua sconfinata pietà, secondo la Tua grande Misericordia» (*Dz* n. 158).

Kowalska apprezzando la sofferenza paziente del Signore, riconosce il grande valore del sacrificio silenzioso sulla croce e il sangue preziosissimo versato per la misericordia. Infine, questa riconoscenza da parte di suor Faustina si trasforma nella preghiera fiduciosa, dove chiede umilmente l'aiuto nella sequela di Gesù sulla "via crucis della propria vita". In un'altra riflessione, leggiamo:

> «(...) come Gesù nell'Orto degli Ulivi, così anch'io grido all'Eterno Padre: Se è possibile, passi da me questo calice; tuttavia non quello che io voglio, ma quello che vuoi Tu, Signore. Sia fatta la Tua volontà. Non è tutto segreto per me quello che dovrò passare, ma, con piena consapevolezza, accetto tutto quello che mi manderai, o Signore. Ho fiducia in Te, o Dio misericordioso e desidero mostrare io per prima, quella fiducia che esigi dalle anime. O Verità eterna, aiutami ed illuminami lungo le strade della vita e fa' che si adempia in me la Tua volontà. Non desidero nulla, solo fare la Tua volontà, o mio Dio; non importa se mi sarà facile o mi sarà difficile. Sento che una forza misteriosa mi spinge ad agire; una sola cosa mi trattiene, la santa obbedienza. O mio Gesù, mi sproni e dall'altra parte mi reggi e mi freni.

O Gesù mio, anche in questo sia fatta la Tua volontà» (*Dz* n. 160).

Lo stesso «Gesù gli disse: Perché mi chiami buono? Nessuno è buono, se non Dio solo» (*Mc* 10,18). Dal brano evangelico appena menzionato si desume che Dio buono addirittura "insiste" e raccomanda la fiducia agli uomini, facendo "omaggio alla divina misericordia". Ogni uomo fiducioso, aspettandosi l'aiuto da parte di Dio, professa la fede nella sua straordinaria onnipotenza e misericordia. La sorgente della vera bontà è sempre Dio. Egli non delude, non abbandona e non rifiuta nessuno, ma aiuta, perché Dio è soprattutto misericordioso.

6.5 *LA FIDUCIA ALLACCIATA ALL'AIUTO DI DIO*

Nell'elaborazione di questo tema, suor Faustina volle evidenziare nel *Diario* lo stretto legame tra la fiducia e l'aiuto divino, cioè il profondo desiderio divino di difendere l'uomo dalla disperazione, dalle tentazioni e sofferenze. Infatti, svolgendo un dialogo profondo con il Signore, scrisse così:

> «Gesù: *O anima, ti vedo tanto sofferente, vedo che non hai nemmeno le forze per parlare con Me. Ecco che ti parlerò Io, o anima. Anche se le tue sofferenze fossero le più grandi, non perdere la serenità dello spirito e non lasciarti vincere dallo sconforto. Però dimmi, bambina Mia, chi ha osato ferire il tuo cuore? Raccontami tutto, raccontami tutto, sii sincera nel trattare con Me. Svelami tutte le ferite del tuo cuore, Io le guarirò e la tua sofferenza diverrà la fonte della tua santificazione*. L'anima: *Signore, le mie sofferenze sono così grandi, diverse e durano da così lungo tempo, che lo sconforto si è impadronito di me*. Gesù: *Bambina Mia, non bisogna lasciarsi prendere dallo sconforto. So che confidi in Me illimitatamente, so che conosci la Mia bontà e Misericordia, perciò potremmo parlare dettagliatamente di tutto ciò che ti pesa maggiormente sul cuore*. L'anima: *Sono tante e diverse le cose che ho, che non so di che cosa parlare prima e come dire tutto questo*. Gesù: *Parla con semplicità, come si parla fra due amici. Su, dimmi un po', bambina Mia, che cos'è che ti frena sulla strada della santità?* L'anima: *La mancanza di salute mi frena sulla strada della santità, non posso adempire i miei doveri ed eccomi qua, sono proprio una nullità. Non posso mortificarmi, fare un digiuno*

rigoroso, come hanno fatto i santi, inoltre non credono che io sia malata ed alla sofferenza fisica si aggiunge quella morale e da ciò derivano molte umiliazioni. Vedi bene, Gesù, come si può diventar santa in tali condizioni? Gesù: *Piccola, è vero, tutto ciò è sofferenza, ma per il cielo non c'è altra strada, all'infuori della strada della croce. Io Stesso l'ho percorsa per primo. Sappi che è la strada più corta e la più sicura.* L'anima: *Signore, ecco ancora un altro impedimento ed un ostacolo sulla strada della santità. Mi perseguitano perché Ti sono fedele e per questo motivo mi fanno soffrire.* Gesù: *Sappi che siccome non sei di questo mondo, il mondo ti odia. Ha perseguitato prima Me. Questa persecuzione è il segno che segui fedelmente le Mie orme.* L'anima: *Signore, un'altra cosa che mi dà sconforto è il fatto che le mie sofferenze interiori non le comprendono né i superiori né il confessore. Le tenebre hanno offuscato la mia mente e, in tali condizioni, come andare avanti? Ecco, tutto ciò in qualche modo contribuisce a scoraggiarmi e penso che le vette della santità non sono per me.* Gesù: *Ecco, bambina Mia, questa volta Mi hai detto molte cose. Lo so che è una grande sofferenza non essere capiti e per di più da coloro che amiamo e verso i quali la nostra sincerità è grande. Ti basti questo però, che Io comprendo tutte le tue pene e le tue miserie. Gioisco per la profonda fede che hai, nonostante tutto, nei Miei rappresentanti, ma sappi che gli uomini non possono capire totalmente un'anima, poiché ciò è al di sopra delle loro possibilità. Per questo sono restato sulla terra Io stesso, per confortare il tuo cuore addolorato e rafforzare la tua anima, affinché non venga meno lungo il cammino. Tu dici che grandi tenebre coprono la tua mente ed allora perché in quei momenti non vieni da Me, che sono la luce e in un istante posso infondere nella tua anima tanta luce e comprensione della santità che non potrai attingere da nessun libro e che nessun confessore è in grado d'insegnare, illuminando così un'anima? Sappi inoltre che queste tenebre, di cui ti lamenti, le ho sperimentate prima Io per te nell'Orto degli Ulivi. La Mia anima è stata oppressa da una tristezza mortale e a te do una piccola parte di quelle sofferenze, e questo per l'amore particolare che ho verso di te e per l'alto grado di santità che ti destino in cielo. L'anima che soffre è la più vicina al Mio Cuore.* L'anima: *Ancora una cosa, Signore. Cosa fare quando vengo disprezzata e respinta dalla gente e specialmente da coloro sui quali avevo diritto di contare e ciò nei momenti di maggior necessità?* Gesù: *Bambina Mia, fai il proposito di non contare mai sugli uomini. Farai molte cose, se ti affiderai completamente alla Mia volontà e dirai: Avvenga di me non come voglio io, ma secondo la Tua volontà, o Dio. Sappi che queste parole, dette dal profondo del cuore, portano l'anima in un attimo sulle vette della santità. Per una tale anima ho una speciale predilezione, un'anima del genere Mi rende una grande gloria e riempie il cielo col profumo delle sue virtù. Sappi anche che la forza che hai per sopportare le sofferenze, la devi alla santa Comunione frequente, perciò va spesso a quella fonte di Misericordia ed attingi col recipiente della fiducia tutto ciò che ti serve.* L'anima: *Ti ringrazio, Signore, per la tua inconcepibile bontà, per esserti degnato di rimanere con noi in questo esilio, dove dimori con noi come Dio di Misericordia e diffondi attorno a te lo splendore della tua compassione e bontà. Alla luce dei Tuoi raggi di Misericordia ho conosciuto quanto mi ami*» (*Dz* n. 364-365).

Dio, amando gli uomini, desidera profondamente la salvezza di tutti da ogni pericolo. Suscitando nei cuori delle persone la fiducia filiale, accende in essi la certezza del sostegno e dell'aiuto dall'alto. In tal modo, l'aiuto divino diventa per gli uomini un incoraggiamento significativo, il superamento di ogni tipo di prova esistenziale nell'abbandono fiducioso in Dio misericordioso. Tanto è vero che solo «la grazia circonda chi confida nel Signore» (*Sal* 31,10).

La totale fiducia in Dio, l'impegno e il desiderio a non arrendersi mai nei momenti della vita estremamente difficili, anche se dovesse arrivare all'improvviso "la tempesta". Per suor Faustina confidare nell'aiuto soprannaturale significa ricevere in cambio forza e coraggio, per vincere le difficoltà più grandi. La fiducia in Dio misericordioso elimina ogni paura, angoscia, tristezza del cuore e abbattimento. Essa colma l'anima di gioia, anche nelle condizioni di vita più complicate. La fiducia, addirittura, può "compiere i veri miracoli", perché essa è soccorsa dall'onnipotenza di Dio. Essa dona la pace interiore, che il mondo non può donare, apre la via a tutte le virtù e fa sperare nelle cose future migliori, legate al Signore. Perfino in *Geremia* possiamo leggere:

«Benedetto l'uomo che confida nel Signore e il Signore è sua fiducia. Egli è come un albero piantato lungo l'acqua, verso la corrente stende le radici; non teme quando viene il caldo, le sue foglie rimangono verdi; nell'anno della siccità non intristisce, non smette di produrre i suoi frutti» (*Ger* 17,7-8).

In realtà, la fiducia può diventare per ciascuno una sicurezza per poter produrre i "frutti buoni della vita". Uno degli esempi è «il ladrone morente sulla croce accanto al Signore Gesù, che si rivolse a Lui chiedendo aiuto con fiducia, all'ultimo momento della sua vita e udì la dolce promessa»:[127] «Oggi sarai con me nel paradiso» (*Lc* 23,43).

Oggi, questa promessa di Gesù offerta al buon ladrone, suscita la fiducia nei cuori degli uomini. Essa avvicina il fiducioso ad "un'immagine di Dio più viva", "reale" e vicina a chi soffre o si trova nella disperazione. Il Dio misericordioso agisce, stimola e opera al favore degli uomini, per aiutarli e condurli alla "dimora eterna e felice". Infine, citiamo un altro passo del *Diario*, che potrebbe sintetizzare l'idea di Kowalska sulla fiducia:

> «O Gesù, desidero condurre le anime alla sorgente della Tua Misericordia affinché attingano con il recipiente della fiducia l'acqua vivificante della vita. Quando un'anima desidera per sé una maggiore Misericordia di Dio, si avvicini a Lui con grande fiducia, e se la sua fiducia in Dio sarà senza limiti, anche la divina Misericordia sarà per lei senza limiti. O mio Signore, che conosci ogni battito del mio cuore, Tu sai quanto ardentemente desidero che tutti i cuori battano esclusivamente per Te, affinché ogni anima esalti la grandezza della Tua Misericordia» (*Dz* n. 368).

[127] M. SOPOĆKO, *Miłosierdzie Boga w dziełach Jego*, vol. III, p. 199.

VII. LA MISERICORDIA CHE DIVENTA LA PREGHIERA UMILE E FIDUCIOSA

Dopo aver esaminato la riflessione di Kowalska sulla fiducia in Dio, procediamo costatando che il tema della misericordia è congiunto al tema della preghiera. La preghiera umile e fiduciosa diventa indispensabile e necessaria per essere salvati. Per capire meglio e approfondire cosa intenda suor Faustina per preghiera, riportiamo un testo dove si dice che:

> «con la preghiera l'anima si prepara ad affrontare qualsiasi battaglia. In qualunque condizione si trovi un'anima, deve pregare. Deve pregare l'anima pura e bella, poiché diversamente perderebbe la sua bellezza. Deve pregare l'anima che tende alla purezza, altrimenti non vi giungerà. Deve pregare l'anima che si è appena convertita, diversamente cadrebbe di nuovo. Deve pregare l'anima peccatrice, immersa nei peccati, per poter risorgere. E non c'è anima, che non abbia il dovere di pregare, poiché ogni grazia arriva tramite la preghiera. Ricordo che la luce l'ho ricevuta in massima parte durante l'adorazione di mezz'ora, che facevo ogni giorno durante tutta la Quaresima, stando distesa a forma di croce davanti al SS.mo Sacramento. In quel tempo conobbi più a fondo me stessa e Iddio, anche se per fare quella preghiera incontrai molti ostacoli, nonostante avessi il permesso dei superiori. L'anima deve sapere che, per pregare e perseverare nella preghiera, deve armarsi di pazienza e superare coraggiosamente le difficoltà esteriori ed interiori. Le difficoltà interiori: lo scoraggiamento, l'aridità, l'indolenza, le tentazioni. Quelle esteriori: il rispetto umano e la necessità di rispettare i momenti destinati alla preghiera. Io stessa ho sperimentato che, se non dicevo le preghiere nel tempo stabilito, dopo non le dicevo più, perché i doveri me l'impedivano; e se pure le dicevo, ciò avveniva con gran fatica, perché il pensiero andava ai doveri da compiere. Mi è capitata anche questa difficoltà: se l'anima aveva recitato bene le preghiere e ne era uscita con un profondo raccoglimento interiore, gli altri la contrastavano per tale raccoglimento; perciò ci vuole pazienza per perseverare nella preghiera. Più di una volta mi è capitata una cosa di questo genere: quando la mia anima era più profondamente assorta in Dio ed aveva riportato maggior profitto dalla preghiera e la presenza di Dio l'aveva accompagnata durante il giorno e sul lavoro aveva dimostrato più concentrazione, più esattezza e più impegno, proprio allora ho avuto il maggior numero di rimproveri con l'accusa di essere negligente ed indifferente a tutto e questo perché le anime meno raccolte vogliono che anche le altre siano come loro, perché costituiscono per loro un rimprovero continuo» (*Dz* n. 49).

Dal brano citato si comprende che la continua richiesta della grazia, cioè della misericordia, si trasforma nell'intimo dialogo con Dio che è l'unica salvezza. Infatti, suor Faustina lo conferma più avanti nel *Diario*: «compresi di quanta perseveranza nella preghiera abbiamo bisogno e che da tale faticosa preghiera dipende talvolta la nostra salvezza» (*Dz* n. 53). In Kowalska però, pregare non significa ripetere parole, ma amare costantemente e concretamente. Per questo scrisse: «se non potrò dimostrare la mia misericordia né con l'azione, né con la parola, posso sempre farlo con la preghiera. La preghiera l'estenderò anche là, dove non posso giungere fisicamente». Effettivamente, è Gesù stesso che ha presentato il modello di preghiera, consegnando il *Padre Nostro*, autentico "atto di amore verso il Padre misericordioso" e concreto verso il prossimo.

Quando analizziamo la preghiera del *Padre Nostro*, possiamo notare che è composto di sette domande di amore, infatti sono sette le motivazioni del "donarsi" a Dio misericordioso e dell'"amare il prossimo". Infatti, la preghiera è come un amore concreto. Se non è tale diventa un'illusione o un inganno. La preghiera non può cessare, perché l'amore non finisce mai e ha sempre nuove intuizioni. Quello che l'uomo intuisce oggi, domani ha bisogno di una maturazione ulteriore e quello che si raggiunge domani prepara il cammino per dopodomani. Il cammino spirituale non può privarsi della preghiera che è anche l'opera della misericordia. Tanto è vero che la misericordia necessita di essere alimentata dalla preghiera. D'altra parte con la preghiera stessa, che è indispensabile per ogni cristiano, si ottiene la misericordia di Dio. Perciò suor Faustina scrisse:

> «Ripeterò ogni giorno questo atto di offerta con la seguente preghiera, che Tu stesso mi hai insegnato, o Gesù: O Sangue e Acqua che scaturisti dal Cuore di Gesù, come sorgente di Misericordia per noi, confido in Te» (*Dz* n. 86).

Da questa citazione menzionata si desume che più si ama la preghiera, più si sente il bisogno di ottenere il dono della misericordia. Pregare Dio con il cuore è lasciarsi liberare dalla schiavitù dei vizi e trasformare dall'infinita misericordia. Più la preghiera diventa indispensabile, più si aprono gli orizzonti per i giusti e per i peccatori nel ricevere la grazia del perdono di Dio. La preghiera continua di una persona che soffre, invece, acquisisce un grande "valore agli occhi di Dio". Questo tipo di preghiera fa scendere la "tenda della misericordia" sugli altri e diventa come un "servizio a Dio". Infatti, in una meditazione di Kowalska sulla preghiera leggiamo:

> «L'amore non è fatto di parole, né di sentimenti, ma di azioni. E un atto della volontà, è un dono, cioè una donazione; l'intelletto, la volontà ed il cuore, ecco le tre facoltà che dobbiamo esercitare durante la preghiera. Risorgerò in Gesù, ma prima debbo vivere in Lui. Se non mi distacco dalla croce, allora si manifesterà in me il Vangelo. Tutte le mie insufficienze le colma in me Gesù con la Sua grazia, che agisce incessantemente. La SS.ma Trinità mi trasmette la Sua vita abbondantemente col dono dello Spirito Santo. Le Tre Persone divine dimorano in me. Se Iddio ama, lo fa con tutto Se stesso, con tutta la potenza del Suo Essere» (*Dz* n. 107).

Secondo tali parole "l'azione della preghiera", come l'ufficio espiatorio e l'olocausto, fa "risuonare la potenza" straordinaria dello Spirito Santo, aprendo un passaggio, quello dalla "natura alla sopra-natura". Questo modo di pregare lo troviamo nella lunga preghiera sacerdotale di Gesù, recitata nell'ultima cena. Essa è di alto livello e irradia particolarmente la misericordia su tutta l'umanità. L'esempio della preghiera sacerdotale di Gesù insegna a sfondare gli orizzonti dell'amore di Dio e a riversare su tutta l'umanità la misericordia. Esattamente, come scrive san Paolo: «Dio sia tutto in tutti» (*1Cor* 15,28). Per questo, la preghiera accompagnata dalla carità, dovrebbe giungere al tutto e coinvolgere tutti.

Possiamo dire che il modo di pregare proposto da santa Faustina è strettamente collegato al servizio e al dialogo con Dio, alla "speranza intramontabile", all'umiltà e alla carità nei confronti del prossimo. Ecco perché l'umile preghiera del cuore è come un'azione concreta quotidiana di quella misericordia, con la quale il Padre è premuroso verso i suoi figli. È la stessa misericordia con la quale i figli sono premurosi verso il loro Padre e i loro fratelli. Tanto è vero che «la vita cristiana di preghiera autentica comincia con l'umiltà, uno dei primi elementi costitutivi della base necessaria per costruire l'edificio spirituale. La preghiera, fondata sull'umiltà e sul timore di Dio, eleva la vita cristiana; con la penitenza e con la pratica della misericordia fraterna, raggiunge la sapienza animata dall'amore di Cristo e culmina nella contemplazione»[128] del volto misericordioso di Dio.

Per questo motivo, «ai poveri in spirito si addice il timore di Dio, poiché essi sono umili. I miti, che hanno un atteggiamento docile e devoto nei confronti della parola di Dio, sono contraddistinti dalla pietà».[129] In una lettera scritta dal confessore di suor Faustina nel 1942 alle religiose, leggiamo:

> «Quando, durante la preghiera, ci si tuffa con un pensiero in tale magnifico sistema delle opere del Signore, facilmente si capisce che la vita religiosa è una delle forme necessarie tra i vari modi di dare onore al Re della Misericordia, che è una delle stanze più vicine alla stupenda camera regale, dove qui sono chiamati solo coloro in cui il Figlio di Dio si è compiaciuto particolarmente, le spose del Re della misericordia, verso cui corrono, con grande gioia, dopo aver indossata la pura veste angelica dell'umiltà, dell'obbedienza e del rinnegamento, cioè della povertà. È vero che in ogni anima, anche in quella che vive nel turbine del mondo, può essere stabilito il Regno di Dio, perché tutti i cristiani cattolici sono chiamati, però, tra tutti i chiamati, non tutti sono scelti e ad ognuno tra quelli scelti personalmente sono indicati il posto ed il lavoro. Cristo affidò agli Apostoli i vari compiti e li mise nei vari appartamenti della sua fortezza. Pietro, lo stabilì quale Pietra. Giovanni, lasciò che si addormentasse amorosamente sul suo cuore. A Filippo chiese, con una sola parola, di lasciare tutto per seguirlo. Nel discorso sulla montagna, il Re della misericordia pose i vari gradi di desiderio della perfezione ed adorazione del Padre Eterno, di cui indicò uno degli attributi in modo particolare, con la raccomandazione di imitarlo proprio in questo».[130]

Dal testo di questa lettera riportata si desume esplicitamente che durante la preghiera, animata dalle religiose, si rende onore e lode particolarmente a Dio misericordioso. La preghiera umile, povera e obbediente diventa misericordia, perciò suscita l'attrattiva e la voglia dell'incontro con il "Re della Misericordia". In un altro passo del *Diario* di Kowalska, troviamo ancora un suggerimento importante, secondo cui, non bisogna mai dimenticare una caratteristica essenziale come pregare, e cioè:

---

[128] A. GASPARINO, *La preghiera del cuore*, LDC, Torino 1992, p. 40.
[129] AGOSTINO, *De sermone Domini in monte*, 1,4,11: PL 34, pp. 1234-1235.
[130] M. SOPOĆKO, *La vita religiosa*, pp. 1-2.

«l'anima deve essere fedele alla preghiera, nonostante le tribolazioni, l'aridità e le tentazioni, poiché dalla preghiera in prevalenza dipende talvolta la realizzazione dei grandi progetti di Dio, e se noi non perseveriamo nella preghiera, mettiamo degli impedimenti a ciò che Iddio voleva compiere per mezzo nostro oppure in noi. Ogni anima ricordi queste parole: *E trovandosi in una situazione difficile, pregava più a lungo. Una preghiera di questo genere la prolungo sempre per quanto ciò mi è possibile e compatibilmente coi miei doveri*» (*Dz* n. 215).

Infatti, nonostante le situazioni difficili della vita, le anime non devono stancarsi mai di pregare, ma piuttosto rimanere sempre fedeli ad essa. In questo troviamo la volontà di Dio che è perfetta, ogni uomo compiendola non sbaglia mai, ma si perfeziona, si realizza, si salva.

CONCLUSIONE

Tra le numerose meditazioni che ho proposto in questo libro, ve n'è una che, a mio avviso, può ben racchiudere quest'ultimo momento della riflessione tratta dal *Diario* di santa Faustina Kowalska sul tema della misericordia di Dio, senza la quale il mondo non potrà ricevere la pace.

Gesù ha affidato a questa semplice religiosa polacca, senza istruzione, ma forte ed infinitamente fiduciosa in Dio, una grande missione: *il messaggio della Divina Misericordia rivolto al mondo intero*. La missione di santa Faustina consiste nel ricordare una verità di fede da sempre conosciuta, ma forse dimenticata, riguardante l'amore misericordioso di Dio per l'uomo e la trasmissione di nuove forme di culto della divina misericordia, la cui pratica dovrebbe portare al rinnovamento della vita di fede.

Il culto della Divina Misericordia consiste nella fiducia nell'infinita bontà di Dio e nelle opere di misericordia verso il prossimo. La missione di suor Faustina Kowalska trova una forte ispirazione nella Sacra Scrittura e si riflette nei documenti della Chiesa.

Come santa Faustina, il suo direttore spirituale beato don Michele Sopoćko, anche san Giovanni Paolo II si è fatto a sua volta *apostolo della Divina Misericordia*. In effetti, il suo lungo e multiforme pontificato ha qui il suo nucleo centrale; tutta la sua missione a servizio della verità su Dio e sull'uomo e della pace nel mondo si riassume in quest'annuncio, come egli stesso ebbe a dire in Polonia a Cracovia - Łagiewniki nel 2002, inaugurando il grande Santuario della Divina Misericordia: «al di fuori della misericordia di Dio non c'è nessun'altra fonte di speranza per gli esseri umani».[131] Il suo messaggio, come quello di santa Faustina, riconduce dunque al Volto glorioso di Cristo Risorto, suprema rivelazione della misericordia di Dio. Contemplare costantemente quel Volto: questa è l'eredità che egli ci ha lasciato, e che noi con gioia accogliamo e facciamo nostra.

Per san Giovanni Paolo II, la misericordia di Dio vince ogni male del mondo. Per metterlo in rilievo, egli si appella all'Antico Testamento, al fine di mostrare in che

[131] IOANNES PAULUS II, *Konsacracja Sanktuarium*, in *AAS* 95(2003), 43

modo Dio accompagna l'uomo e lo aiuta a vincere il male. Si parla, perciò, della Sua rivelazione nella persona del Figlio e della Croce, dono all'umanità per rendere ogni uomo figlio di Dio.

La misericordia di Dio viene realizzata dalla Chiesa nello svolgimento del suo ministero amministrando i sacramenti, pregando, predicando ed operando. Questi elementi sono fondamentali per la sua missione. La misericordia esercitata dalla Chiesa consiste, tutto sommato, in molti compiti concreti che vengono compiuti dai cristiani come segno dello loro fede.

Il presente libro espone tutti i vari argomenti e settori concernenti la misericordia: le radici dell'idea della misericordia, i temi principali della mistica della spiritualità e della missione, la vera immagine del Dio Misericordioso nella Persona di Cristo e il Suo Cuore Misericordioso, la Chiesa come luogo della misericordia, il cristianesimo rigenerato dalla misericordia di Dio.

Il messaggio di santa Faustina sulla divina misericordia proclama che l'unica verità capace di equilibrare il male dell'ideologia dei totalitarismi è la verità che Dio, è "Misericordia" nel Cristo misericordioso. Per tale ragione, esso propone le diverse forme di culto indicate da santa Faustina (la festa della *Divina Misericordia*, la "santa immagine" di Gesù misericordioso, la preghiera detta coroncina e l'ora della misericordia).

La visione del Dio misericordioso che desidera avere relazioni strette con l'uomo, si riflette anche sulla visione di uomo. Il teocentrismo si unisce all'antropocentrismo, ed essi s'incontrano nella persona di Gesù. La verità sull'uomo invischiato nel peccato viene meglio illustrata dalla parabola del figlio prodigo. Essa, infatti, è un "paramento esistenziale" della relazione Dio - uomo.

La misericordia consiste nello scorgere Cristo nel volto di ogni essere sofferente. In breve, ciascuno deve essere per il prossimo un dono a somiglianza del Samaritano misericordioso. Si incontra qui anche una lezione di un'antropologia di vicinanza rispetto ad ogni uomo, che ha la sua fonte nella vicinanza di Dio rispetto al creato. L'essere quel dono misericordioso, reca anche conseguenze escatologiche. Infatti, chi è misericordioso - secondo il discorso della montagna di Cristo - otterrà misericordia. La forza del Suo insegnamento si nasconde nella forza della verità trasmessa tramite le parole. La misericordia di Dio e la grandezza e la dignità dell'uomo sono una valida risposta per le diverse minacce di oggi, per le ideologie distorte, per il totalitarismo del potere dello stato, per lo sfascio delle famiglie, per il terrorismo e per la pandemia. Infine santa Faustina confessò nel *Diario*:

> «Tutto passerà, ma la Sua Misericordia è senza limiti e senza termine. Sebbene la malvagità arrivi a colmare la sua misura, la Misericordia è senza misura. O mio Dio anche nei castighi coi quali colpisci la terra, vedo l'abisso della Tua Misericordia, poiché castigandoci in questa terra, ci liberi dal castigo eterno. Rallegratevi, creature tutte, poiché siete più vicine a Dio nella Sua infinita Misericordia, di quanto lo sia un lattante al cuore della madre. O Dio, Tu sei la pietà stessa per i più grandi peccatori sinceramente pentiti! Più grande è il peccatore, maggiore è il diritto che ha alla Misericordia divina» (*Dz* n. 115).

INDICE

Printed by Books on Demand GmbH, Norderstedt / Germany